KB041408

청소년을 위한
연애 심리학

청소년을 위한

연애 심리학

이창욱·조은지 지음

라의눈

연애는 왜 이렇게 어려울까요?

사람들은 연애가 어렵다고 말합니다. 연애는 왜 어려울까요? 연애가 어려운 이유는 사람과 사람의 마음이 얽히는 일이기 때문입니다. 결국 사람의 심리 때문에 연애가 어렵게 느껴지는 것입니다. 사람은 서로 각기 다른 심리를 가지고 있습니다. 심리의 차이가 연애를 어렵게 만들기도 합니다. 심리를 또 다르게 이야기하면 성향이나 취향이라고 할 수도 있습니다. 성향이 다른 사람끼리 만나면 서로 이해 못 하거나 문제가 발생하기도 합니다.

하지만 이런 심리 차이가 연애를 더 흥미롭고 가슴 설레게 만들기도 합니다. 심리를 잘 이해하고 활용한다면 연애가 어렵지 않을 수도 있습니다. 생각의 차이를 잘 파악하고, 상대방의 마음을 미리 알아준다면 꽤 아름다운 연애를 할 수 있을 것입니다. 특히 연애 과정에서 발생하는 생각이나 입장 차이는 이 책 6장 「행복한 연애를 위한 심리학 수업」에서 설명한 몇 가지 포인트만 잘 잡는다면 어렵지 않게 이해할 수 있습니다.

인터넷에 떠도는 「끝내주는 연애비법」과 같은 글을 읽는다고 해서 연애의 고수가 되는 것은 아닙니다. 수많은 실패와 성공의 경험이 쌓여야 비로소 만족스러운 연애를 할 수 있습니다. 또, 심리적으로 궁합이 잘 맞는 사람끼리 연애를 시작하는 것도 하나의 지름길이 될 수 있습니다.

심리학에서는 남녀 혹은 연인간의 심리가 다른 이유를 「당연하다」고 봅니다. 사람의 생각과 마음은 누구나 다 다르니까요. 이런 차이점을 인정하고 이해하는 것이 올바른 연애를 하기 위한 첫걸음입니다. 새로운 사람과 만날 때 나와 다른 심리란 관점에서 생각해본다면 흥미롭고 또 사람을 알아가는 재미도 느낄 수 있습니다. 연애는 이해와 배려의 과정임을 잊어서는 안 됩니다.

먼저 연애 심리를 알아보기에 앞서 여러분이 스스로 어떤 성향과 심리를 가지고 있는지 알아볼 필요가 있습니다. 연애 심리는 크게 두 가지 성향으로 구분이 가능합니다. 첫 번째는 「목적형 심리」 성향입니다. 목적을 이루기 위해서 수단방법 가리지 않는 사람들이 가지고 있는 심리입니다. 두 번째는 「관계형 심리」 성향입니다. 관계를 맺고 친밀한 관계를 유지하는 것을 매우 소중하게 생각하는 심리입니다.

여러분은 위 두 가지 성향 중에서 어떤 쪽에 더 가까운가요? 일반적으로 남성의 경우 목적형 심리가, 여성의 경우 관계형 심리를 가진 사람의 비율이 조금 더 높습니다. 물론 이 두 가지 심리를 모두 가지고 있는 사람도 있으며, 목적형 심리를 가진 여성이나 관계형 심리를 가진 남성도 있습니다.

이렇게 목적형, 관계형 심리를 구분하는 것은 이분법적 사고 혹은 흑백 논리를 주장하기 위함이 아닙니다. 본능적으로 발현되는 사람의 심리를 대인관계의 영역에서 더 쉽게 설명하기 위해 편의상 분류한 개념입니다. 「시작이 절반이다」라는 말이 있죠? 여러분 자신의 연애 성향을 파악했다면 벌써 절반의 문제를 해결한 것입니다.

　누구나 연애를 잘하고 싶다고 생각합니다. 하지만 연애를 어렵게 하는 것, 연애를 방해하는 요소들도 있습니다. 가장 큰 방해 요소는 「대화 스타일의 차이」입니다. 관계형 심리를 가진 사람과 목적형 심리를 가진 사람의 대화 스타일이 전혀 다릅니다. 이런 대화의 차이는 오해를 불러일으킬 것이고, 이러한 오해는 이별의 씨앗이 되기도 합니다. 대화의 심리적 차이만 잘 이해해도 연애 과정에서 발생하는 많은 문제를 줄일 수 있습니다. 뿐만 아니라, 미래 여러분의 직장생활이나 결혼생활에도 큰 도움을 받을 수 있을 것입니다.

　이성관계가 시작되면 지금까지 경험해보지 못한 다양한 감정을 느낄 수 있습니다. 친구보다 더 친근한 느낌과 둘이 하나가 되는 교감은 연애를 더욱 짜릿하게 합니다. 어떤 사람은 이성관계를 잘 유지하고, 또 어떤 사람은 이성관계를 잘 유지하지 못합니다. 그 차이는 어디서 발생할까요? 집착과 사랑을 정확하게 이해하느냐에 따라 달라집니다. 집착하면 연애에 실패하고, 사랑하면 연애에 성공할 수 있습니다.

연애를 잘하기 위해서는 사랑과 배려를 해야 한다는 것은 누구나 알고 있지만 실천하기가 어렵습니다. 이유는 「자기희생」이 필요하기 때문입니다. 그런데 연애한다는 이유로 무작정 자기희생을 하는 것은 쉽지 않습니다. 이성교제를 하는 목적에 따라 마음가짐도 달라집니다. 외로움을 해결하기 위한 도구로 이성교제를 한다면 행복한 연애로 이어지기 어렵습니다. 내 스스로 외로움을 극복할 수 있어야 진정한 연애를 시작할 수 있습니다. 이 책을 통해서 연애와 관련된 사람의 심리를 차근차근 알아보고, 이성교제로 행복을 느낄 수 있는 해법을 함께 찾아봅시다.

╳╳╳╳╳╳╳╳╳╳╳╳╳╳╳╳╳╳╳╳╳╳╳╳╳╳

▬ 나는 목적형일까, 관계형일까?

목적형 심리: 목적을 달성하는 것에 만족을 느끼는 심리적 성향입니다. 신속한 목표 달성을 위해서 숫자, 그래프 같은 시각적인 도구를 사용합니다. 대인관계에 있어서도 비슷한 목표를 가진 사람들과 어울리려고 합니다.

관계형 심리: 원만한 대인관계를 맺는 것에 안정을 느끼는 심리적 성향입니다. 언어 능력과 공감 능력이 뛰어나 의사소통을 잘 하는 편입니다. 다양한 감정을 표현하고, 상대방의 감정을 이해하는 것에 능숙합니다. 관계를 형성하고 유지하는 것을 중요하게 생각합니다.

╳╳╳╳╳╳╳╳╳╳╳╳╳╳╳╳╳╳╳╳╳╳╳╳╳╳

제3장 한 걸음 더 다가서다

제6장 행복한 연애를 위한 심리학 수업

제1장
이성에 눈뜨다

마음을 두드리다

관심이 갑니다.

'그 아이의 이름이 무엇인지?'

'무엇을 하고 있는지?'

'무슨 생각을 하고 있는지?'

'어떤 것들을 좋아하는지?'

지금까지 「나」 이외엔 관심이 별로 없었는데, 내 마음이 무엇인가 달라졌습니다. 내 자신에 대한 생각보다, 그 아이에 대한 생각을 훨씬 더 많이 합니다. 내 마음에 불쑥 그 아이가 들어와 버렸습니다 아니, 내 마음에 그 아이의 자리를 만들어둔 것인지도 모르겠습니다.

 그 아이에 대한 관심은 점점 호감으로 물들어갑니다. 그 아이의 말과 행동 하나하나에 관심이 가고 궁금증도 더해갑니다. 호감으로 물든 마음은 조금 더 친해지고 싶은 마음을 불러일으킵니다. 처음에는 단지 그 아이를 바라보는 게 좋았고, 그 아이가 무엇을 하는지 궁금했습니다. 그런데 호감이 생기면서 그 아이와 이야기해 보고 싶어졌습니다.

 그 아이에 대한 호감은 더 친해지고 싶은 마음으로 발전합니다.
 '어떻게 하면 조금 더 가까워질 수 있을까?'
 그 아이에게 다가가서 괜히 궁금하지도 않은 것을 물어보면서 말을 걸고, 그 아이의 주변을 서성거려 보기도 합니다. 내 질문에 친절하게 대답해주는 그 아이의 모습에 더 마음이 끌리기 시작합니다.

 그 아이도 내가 싫지 않은 것 같습니다. 가끔 마주치는 그 아이의 눈이 반짝거립니다. 새로운 감정이 생겼습니다. 전에는 느껴보지 못했던 감정이 시작된 것 같습니다.

'이성에 대한 관심이 생긴 걸까요?'

'사랑이 시작된 걸까요?'

너도 두근거리니?

　그냥 알고 지내던 남사친이나 여사친이 어느 순간 「이성」으로 보일 때가 있습니다. 지금까지와 다른 감정이 느껴집니다. 그 아이 앞에 있거나 함께 이야기를 나눌 때 유난히 심장이 두근거립니다. 그 아이에 대한 내 마음의 변화가 시작된 것입니다. 이성에 대한 감정이 시작된 것 같습니다.

　이성에 대한 감정은 친구나 가족을 대하는 마음과는 사뭇 다릅니다. 만약 여러분이 처음 이성의 감정을 느껴본 것이라면 지금껏 경험해보지 못한 신체적인 변화와 심리적인 변화를 접하게 될 것입니다. 호감이 있는 이성 친구가 가까이 있으면, 심장이 더 빨리 뛰고 얼굴이 빨개지기도 합니다. 그리고 유난히 자신의 외모나 행동에 신경이 쓰이기 시작합니다. 자신의 옷차림이나 헤어스타일 혹은 얼굴에 난 여드름도 신경이 쓰입니다.

이성에 대한 호기심이 생기면 자그마한 내 결점이나 단점이라도 숨기려고 합니다. 이런 행동은 호감이 있는 이성에게 좋은 모습만 보여주려는 무의식적인 심리 때문에 발생합니다. 사람의 성격이나 습관에 따라서 정도의 차이가 있을 수 있지만, 대체적으로 비슷한 행태를 보이기 마련입니다.

때로는 첫눈에 반하기도 합니다. 처음 본 사람인데 순식간에 내 마음을 빼앗겨 버린 경우도 있습니다. 자신이 평소에 생각하고 있었던 이상형과 가까운 사람이 눈앞에 등장하면 첫눈에 반하기도 합니다. 사람은 외모만으로, 혹은 잠깐 대화를 해 본다고 내면까지 알지는 못합니다. 그럼에도 첫눈에 반해 연애를 하거나 결혼까지 생각하는 사람들도 있습니다. 그만큼 이상형은 연애를 결정하는 중요한 지표가 되기도 합니다.

이성에 눈을 떴나요?

호기심이 생겼나요?

관심이 가나요?

이성에 눈을 떴다는 것을 자각했다면 사랑에 한걸음 다가서게 된 것입니다. 한층 성숙한 감정을 경험할 수 있는 문이 열린 것입니다. 걱정거리도 있을 거예요. 본능적으로 느껴질 겁니다. 이성교제에 대한 부모님의 우려나 반대에 부딪힐 수도 있습니다. 지금까지 어른들로부터 이성교제와 학업은 동시에 해낼 수 없다는 이야기를 많이 들었을 것입니다.

물론 연애와 공부를 동시에 완벽하게 잘 하는 것은 생각보다 어려운 게 사실입니다. 하지만, 이성교제에 부정적인 측면만 있는 것은 아닙니다. 이성교제를 통해 인생에 꼭 필요한 폭넓은 감정을 경험할 수 있습니다. 스스로 결정과 판단을 하고, 책임지는 일들을 반복하면서 인간관계에 대한 교훈을 찾아 볼 수도 있습니다.

이성에 대한 감정을 처음 느껴 본다면 로맨틱하고 감미로운 느낌에 쉽게 빠져 버리기도 합니다. 지금까지 느껴보지 못한 새로운 감정에 취하게 되는 것입니다. 이렇게 되면 이성적인 생각은 잠시 마비되게 마련입니다. 그래서 누군가를 사랑하면 상식적이지 않은 행동을 하기도 합니다.

이성교제는 내 자신이 더 좋은 사람으로 성장할 수 있는 기회가 되기도 하지만, 때로는 자신이 좋지 못한 사람으로 전락할 수 있는 함정이 되기도 합니다. 그래서 이성교제는 항상 조심해서 접근하는 자세가 필요합니다.

하루 종일 네가 생각나

누군가를 좋아하는 감정은 참 신기합니다. 호감을 느끼기 전에는 항상 「내」가 먼저였는데, 일단 호감을 느끼니 항상 「그 아이」가 먼저입니다. 그런데도 기분이 나쁘지 않습니다.

그 아이를 좋아하게 되니, 이제 자꾸만 생각납니다. 머릿속에서 그 아이 생각이 계속 떠오릅니다.

'지금 뭐하지?'

'지금 무슨 생각하지?'

'뭘 좋아하지?'

'날 어떻게 생각할까?'

그 아이에 대한 관심은 점점 호감으로 변해갑니다. 좋아하는 감정이 점점 커지면 보이는 것도 들리는 것도 평소와 다르게 느껴집니다. 카페에서 흘러나오는 사랑 노래를 나도 모르게 흥얼거리게 됩니다. 노래 가사가 딱 지금 나의 상황과 같습니다. 누군가를 좋아하고, 아직 표현도 못 하는 내 상황. 설렘이 느껴지는 가사가 마음에 와 닿습니다. 사랑을 노래하는 모든 노래가 내 상황을 대신 이야기해주는 것 같습니다.

누군가를 좋아하는 감정은 아름다운 것을 더 잘 보이게 만드는 안경과도 같습니다. 차가운 바람이 불면 걱정이 됩니다.
'그 아이가 춥지는 않을까?'
'따뜻하게 입고 갔을까?'
그리고 따뜻한 목도리나 장갑, 손난로 같은 선물을 떠올립니다. 예전에는 내 자신만을 생각했는데 이제는 그 아이를 생각하게 됩니다.

어느 순간부터 아침에 눈을 뜨서 밤에 잠들 때까지, 주변의 모든 것을 그 아이와 연관지어 생각하게 되었습니다. 내 일상의 한 부분을 그 사람이 차지하고 있습니다. 마치 내 삶의 한 부분이 되어버린 것같이 말이죠.

너를 기다리는 나

내 마음이 그 아이를 향하고 있다면 나도 모르게 하게 되는 행동이 있습니다. 항상 그 아이를 기다리는 것입니다. 누가 기다려 달라고 하지도 않았는데 말이죠. 왜냐하면 자꾸 그 아이가 보고 싶기 때문입니다. 마음속에 좋아하는 감정이 생긴다면, 그 다음 단계는 자주 보고 싶어지는 심리가 발동합니다.

항상 보고 싶고,

만나고 싶고,

함께하고 싶다는 생각.

때로는 이런 생각이 내 자신을 괴롭히는 원인이 되기도 합니다. 때로는 나의 일방적인 관심으로 상처를 받기도 합니다. 때로는 상대방에게 부담을 주거나 상처를 주기도 합니다.

그럼에도 불구하고 좋아하는 사람을 보고 싶은 마음이 점점 커져가는 건 왜일까요? 내 마음은 왜 그렇게 그 사람을 향해 있는 걸까요?

심리에도 가속도가 있습니다. 「움직이는 물체는 가속도를 가진다」는 뉴턴의 물리법칙과 같이 말이죠. 심리적인 가속도는 특히 누군가를 좋아하는 마음에서 더 잘 관찰할 수 있습니다. 좋아하는 사람이 생기면 내 모든 마음은 바로 그 사람을 위해서 움직이게 됩니다.

때로는 이 가속도가 더욱 강하게 작용합니다. 그래서 상대방이 아직 마음의 준비가 되지 않았는데 일방적으로 좋아하는 감정을 키우고 고백까지 해버리는 일도 발생합니다. 이렇게 되면 상대방은 당황스럽겠죠. 일방적인 속도로 급하게 키운 감정은 좋은 인연으로 이어지기 어렵습니다. 그래서 호감에 대한 마음의 가속도를 적절하게 조절하는 것이 중요합니다.

　좋아하는 마음, 아끼는 마음, 배려하는 마음.
　상대와 한 걸음 한 걸음 스텝을 맞추는 것이 함께 사랑으로 가
는 출발점이 될 수 있습니다. 조금 천천히 걸으면서 상대방이 내
발걸음에 맞출 수 있도록 해주세요. 상대방이 조금 더디더라도
말이죠. 인내심을 가지고 상대방의 마음을 기다려주는 것은 아
주 중요한 사랑의 자세입니다.

말하지 않아도 알지 않을까?

'이 정도면 그 아이도 내 마음을 눈치 챘겠지?'

마음속에 좋아하는 사람이 생겼다면, 그 마음을 표현하기 위해서 다양한 시도를 해 봅니다. 그리고 상대방이 나의 마음을 알아주기를 은근히 기다립니다. 그런데 어떤가요? 상대방이 나의 마음을 알아챘나요? 아마 아닐 겁니다. 아무리 기다려 봐도 내 마음을 몰라주는 것 같죠? 아니면 내가 맘에 들지 않아서 그럴 거라고 자괴감에 빠져 있진 않나요? 좋아하는 마음을 표현하는 건 생각보다 어렵습니다.

일반적으로 누군가를 좋아하는 마음이 생기면 가장 먼저 수줍어하는 감정을 보인다고 합니다. 사실 성인이라도 좋아하는 마음을 누군가에게 표현한다는 것은 쉽지 않습니다. 호감을 드러내는 것은 본능적으로 부끄러운 일인지도 모릅니다. 우리는 성장하면서 이런 감정을 조금씩 다룰 수 있게 되는 것이죠.

그렇기 때문에 일반적으로 사람들은 은근하고 조심스럽게 좋아하는 마음을 표현하려고 합니다. 서로 공통점이 있는 것처럼 같은 취향이나 취미로 가까워지려고 합니다. 비슷한 종류의 음식이나 영화를 좋아한다고 이야기하는 것이 흔한 방법입니다.

어떤 사람들은 오히려 괴롭히거나 놀리면서 관심을 표현하기도 합니다. 그런데 이런 행동은 주로 어린 남자아이들에게서나 관찰할 수 있는 표현이죠. 성인이 되어서도 이런 방식으로 애정을 표현하는 것은 심리적으로 아직 미성숙하다고 볼 수 있겠습니다.

호감을 표현하기 위해 사람들은 참 다양하고 열정적으로 마음을 드러내고자 합니다. 그런데 정작 상대방이 이 마음을 알아채기가 참 어렵습니다. 호감을 언어로 표현하지 않으면 상대방은 알 수 없습니다.

'내가 이런 행동을 하면 상대방이 내 마음을 알아주겠지?'

말을 안 해도 알아줄 것이란 생각은 오해입니다. 오히려 본인만 힘들게 만들 뿐입니다. 용기 있게 다가가서 직접 말하는 것이 가장 효과적인 방법입니다.

간혹 이런 걱정을 하는 사람노 있습니다.

'내가 먼저 이야기하면 너무 쉬운 사람이라고 생각하지 않을까?'

하지만 다시 말하지만 호감은 말로 표현하지 않으면 알 수 없습니다.

좋아하는 마음을 표현하는 데에 너무 부담을 가질 필요는 없습니다. 거창하고 화려한 수식어도 필요하지 않습니다.

"나, 너 좋아해!"

담백한 이 한마디면 충분합니다.

언제까지 눈치만 볼 거야?

　「말」보다 「느낌」으로 사랑을 먼저 알아챌 때가 있습니다. 자신이 누군가를 좋아하는 감정에 빠져 있을 때, 그 아이가 내 속마음을 눈치 채고 먼저 다가와 주길 원하는 사람이 있습니다. 그런데 언제까지 기다릴 수만은 없겠죠. 마음을 담아 간절하게 눈빛을 보내지만 그 사람은 여전히 알아차리지 못합니다. 그렇다면 어떻게 표현하는 게 좋을까요?

　고백하는 방법은 사람마다 다르게 마련입니다. 급한 성격이라면 빨리 마음을 전하는 방법을 택할 것이고, 부끄럼이 많은 성격이라면 조심스럽게 다가가는 방법을 택할 것입니다. 자기중심적인 사람이라면 내 기분에 따라서 즉흥적인 방법으로 고백할 것이고, 매사 걱정이 많은 사람이라면 이런저런 걱정하느라 고백의 타이밍을 놓치기도 합니다.

고백에는 정답이 없습니다. 그래서 어려운 건지도 모르겠습니다. 마치 수학 문제처럼 공식을 암기해서 답을 찾을 수 있으면 좋겠지만, 고백은 공식도 없고 답도 없습니다. 그렇다고 고백하는 데 겁을 먹거나 너무 걱정하지는 마세요. 답은 없지만 마음이 있으니까요. 자신의 마음을 그대로 드러내서 숨김없이 표현하는 것이 가장 좋은 방법입니다.

"좋아해"
이렇게 직설적으로 말해 보는 것도 좋습니다.

"너는 나를 이성으로 어떻게 생각해?"
이렇게 슬쩍 말을 꺼내도 좋습니다.

"우리 사귀는 사이면 더 재미있을 거 같아."

농담처럼 이렇게 웃으며 말하는 것도 좋습니다.

"나, 너 좋아해."

"너에게 관심이 있어."

"너와 더 친해지고 싶어."

상대방은 여러분의 진솔한 표현과 고백으로 긴장된 표정, 반짝이는 눈빛, 그리고 떨리지만 따뜻한 목소리에서 분명 좋아하는 감정을 읽을 것입니다.

용기 있는 자가
사랑을 얻는다

누군가를 좋아하는 마음은 언제나 신비롭습니다. 그런데, 좋아하는 마음을 고백하는 것은 참 어려운 일입니다. 좋아한다는 속마음을 이야기하는 게 부끄럽기도 하고, 불안하기도 합니다. 그래서인지 고백을 망설이게 됩니다.

좋아하는 마음을 고백하기 위해서는 준비가 필요합니다. 자신의 마음을 드러낼 용기가 필요한 것입니다.

'고백했는데 그 아이가 거절하면 어떡하지?'

이런 걱정이 밀려옵니다. 그 사람의 마음이 자신의 마음과 다르면 어떻게 해야 할지 고민이 많습니다.

그러면 좋아하는 마음과 고백에 따른 걱정을 비교해 보세요. 고백에 대한 걱정이 크다면 아직 고백할 때가 아닐 겁니다. 하지만 좋아하는 마음은 점점 커지기 마련입니다. 좋아하는 마음이 고백에 대한 걱정보다 커졌다면, 자! 이제는 고백을 하려는 용기가 생긴 것입니다.

어렵게 고백하기로 마음먹었지만, 이제는 고백하는 방법이 문제입니다. 왜냐하면 이성교제에 있어서 고백은 굉장히 중요한 순간이기 때문입니다.

고백을 어떻게 해야 하는지 다른 사람들의 이야기를 열심히 들어봅니다.

고백을 위해서 낭만적인 시집을 뒤적여 보기도 합니다.

고백을 위해서 감미로운 노랫말을 흥얼거리기도 합니다.

고백을 위해서 친구들과 상황극을 짜 보기도 합니다.

사랑한다는 말 한마디 하는 게 이렇게 어려운 거였네요.

인터넷에 소개된 방법이니, 친구들이 추천하는 방법으로 고백하면 오히려 성공하지 못할 수도 있습니다. 왜냐하면 진솔하지 않다는 게 너무 티 나니까요. 고백에 대해서 사람들이 모두 다 똑같은 생각을 하는 게 아니기 때문입니다. 그 아이에 대해서 잘 알아보고 성향에 적합한 방법을 사용해야 합니다.

용기 있는 자가 사랑을 얻는 것입니다. 조금 어색하고, 조금 모자라고, 조금 미숙해도 좋습니다. 여러분이 가지고 있는 그대로의 모습과 마음을 전해 보세요. 진실한 마음을 전달해서 고백하는 것이 무엇보다 중요합니다.

마음을 사로잡는 무기

그 사람의 마음을 사로잡으려면 어떻게 해야 할까요?

어떻게 하면 그 사람의 관심을 받을 수 있을까요?

우리는 좋아하는 사람의 마음을 끌기 위해서 참 많은 고민을 하게 됩니다.

관심을 받고 싶으면 먼저 관심을 표현하면 됩니다. 대화 또는 문자메시지로 관심을 표현할 수 있습니다. 언어로 관심을 표현하는 것은 쉽고 빠릅니다. 하지만 언어는 오해하기 쉽고, 상황에 따라서 전혀 다른 뜻으로 해석되기도 합니다. 이런 작은 오해들이 쌓이면 오히려 관계가 더 멀어지는 결과를 가져오기도 합니다. 그래서 관심을 표현하는 단어는 항상 조심해서 사용해야 합니다.

행동으로도 관심을 표현할 수 있습니다. 아껴주고, 배려하고, 희생하고, 기다리는 행동 같은 것 말이죠. 그런데 행동으로 표현하는 것은 생각보다 까다롭고 어렵습니다. 더구나 상대방이 자신의 진심을 알아차리지 못할 수도 있습니다. 하지만 「행동」으로 표현하는 것은 「말」보다 더욱 강력합니다. 백 번 좋아한다는 말보다, 한 번 배려하는 모습을 보여 주는 것이 더 효과적일 수 있습니다. 배려를 위한 「행동」은 인성의 영향을 많이 받습니다. 그래서 행동을 보면 성격을 파악할 수 있는 것입니다.

인성은 가장 큰 재산입니다. 왜냐하면 사람의 마음을 끄는 것은 돈이나 명품이 아니라 마음이기 때문입니다. 진솔한 마음이 결국 사람의 마음을 움직이게 마련입니다. 사람의 마음은 돈이나 선물로 살 수 없습니다. 물론 사랑도 돈으로 살 수 없는 것이지요.

사랑, 행복, 기쁨, 만족감, 성취감, 보람 등등 우리 삶에서 가치 있는 것들은 모두 「공짜」라고 하죠. 가치를 매길 수도 없고, 돈으로 사고팔 수도 없다는 뜻이지요. 단, 그렇다고 아무런 노력 없이 얻어지는 것은 아닙니다. 이와 같은 소중한 가치는 돈으로 사는 것이 아니라, 마음을 다해서 구해야 하는 것입니다.

항상 최선을 다하는 마음.

항상 배려하는 마음.

항상 희생하는 마음이 사랑을 이어주는 다리가 됩니다.

거절당했다고
우울해하지 마

참 큰 용기를 내어 고백을 했습니다. 내 자존심도 잠시 내려놓고, 두근거림과 설렘을 껴안고 없던 용기까지 짜내어 고백을 한 것입니다.

"나, 너 좋아해."

"나랑 사귈래?"

"우리 오늘부터 1일 하자."

마음속으로 준비해온 고백의 말을 전했습니다. 이제 그 아이의 대답만을 기다립니다.

"음…, 그냥 친구로 지내면 안 될까?"

두근거리던 심장이 산산이 깨져 버립니다.

"사귀는 건 부담스러워. 그냥 친구 사이가 더 좋을 것 같아."

산산조각난 심장이 마저 부스러져 가루가 되어 버립니다.

나는 자존심을 모두 접고, 용기 내어 이렇게 고백했는데 차였습니다.

그 아이에게 거절당했습니다.

그 아이가 내 고백을 거절했습니다.

겉으로는 아무렇지도 않은 척 알겠다고 하며 뒤돌아섰습니다.

하지만 마음속으로는 하염없이 눈물이 납니다.

그 아이가 다시 다가와서 나를 달래줬으면 좋겠습니다.

그런데 아무리 기다려도 그 아이는 오지 않습니다.

정말 끝인가 봅니다.

혼자 또 이렇게 속앓이만 하고 있습니다.

그동안 썸 타는 줄 알고 설레고 있었는데, 나 혼자 짝사랑했던 것 같습니다.

일반적으로 사람은 거절을 당하면 마음에 상처가 남게 됩니다.

더구나 사랑의 마음을 고백했는데 거절당한다면 더욱 가슴 아픈 일이 됩니다. 어렵게 고백한 자신의 마음을 위해서, 스스로 자존심을 세우려고 다시 고백하는 경우도 있습니다. 하지만 결과는 항상 같을 겁니다. 또 고백해도 차이겠죠. 이런 상황에서 많은 사람들이 인용하는 속담이 있습니다. 「열 번 찍어 안 넘어가는 나무 없다.」 그런데 이 속담은 나무를 도끼질할 때나 사용하는 속담이지, 고백하는 상황에서 사용할 만한 속담은 아닙니다.

대개는, 한 번 아닌 건 아닌 겁니다. 사람의 마음은 강요하거나 추궁한다고 해서 변하는 것이 아닙니다. 특히 이성에 대한 마음은 쉽게 바뀌지 않습니다. 그래서 고백에 실패했다면 빨리 마음을 접는 게 좋습니다. 그 아이에 대한 자신의 감정을 빨리 정리하고, 조각난 마음을 다시 짜 맞추어야 합니다. 매달린다고 사람의 마음이 돌아오지는 않습니다.

● 훈훈한 고백 vs. 부담스러운 고백 ●

상대의 호감을 올려주는 고백도 있지만, 상대를 부담스럽게 만들어 오히려 있던 정도 떨어지게 만드는 고백도 있습니다. 여기서 추천하는 고백 방법 3가지와 절대 해서는 안 되는 방법 3가지를 알려드립니다.

훈훈한 고백 3가지

━ 진솔한 대화

가장 단순하면서도 가장 어려운 방법입니다. 직접 만나서 대화하면서 호감을 표현하는 것입니다. 중요한 것은 '언제, 어디에서 하느냐'입니다. 상대방이 시험을 눈앞에 두고 있거나, 마음이 복잡하다면 당연히 성공 확률이 낮겠죠. 가능하면 상대의 마음이 충분히 여유롭고 이성교제에 대한 심리적 여력이 있을 때 하는 것이 좋습니다. 장소 역시 중요합니다. 둘만의 대화가 가능한 곳에서 차분하게 이야기하는 것이 좋습니다. 시끄럽고 어수선한 곳에서 하는 고백은 집중도 잘 안 되고, 오히려 역효과가 나기 쉽습니다. 조용한 공원이나 카페 같은 곳에서 대화를 나누며 마음을 전해 보세요.

▬ 꽃 한 송이와 편지

꽃을 이용한 고백은 주로 남성이 사용하는 방법입니다. 그런데 고백 받는 입장에서 꽃 100송이는 너무 부담스럽습니다. 부피도 크고 무겁습니다. 무언가 부담스러운 기분이 듭니다. 고백할 때 상대방에게 부담을 주는 행동은 금물입니다. 한 송이의 꽃이라도 마음을 전하기에는 충분합니다. 편지에 좋아하는 마음을 담아 꽃과 함께 전하면서 고백해보세요.

▬ 작은 선물과 쪽지

반지, 목걸이 같은 귀금속이나 스마트폰이나 시계 같은 비싼 선물 역시 부담스럽습니다. 처음 고백은 진솔하고 담백하게 하는 것이 포인트! 특히 선물은 상대방이 꼭 필요로 하거나, 유용하게 사용할 수 있는 것이 좋습니다. 온라인 커뮤니티에서 추천 받아서 구입한 거대한 인형이나 취향을 고려하지 않은 화장품 같은 것은 오히려 짐이 될 뿐입니다. 거창한 선물보다 쉬는 시간에 건네는 음료수 하나가 상대방의 마음을 움직입니다. 그 아이와 닮은 캐릭터 인형도 좋습니다. 적절한 선물을 준비했다면 쪽지에 마음을 담아 주세요. 이 선물을 왜 준비했는지 이유와 사연을 적어 주면 고백을 위한 준비 완료입니다.

부담스러운 고백 3가지

▬ 공개 고백

놀이공원이나 지하철 등 수많은 사람들이 보는 앞에서 하는 고백은 가급적 하지 마세요. 영화나 드라마에서 로맨틱하게 등장하는 장면이라서 이런 고백에 환상을 가지고 있는 사람이 많습니다. 실제로 이런 고백을 받으면 호감이 생기는 것이 아니라, 민망하고 난감하다고 합니다. 많은 사람들 앞에서 공개적으로 고백받는 것을 좋아하는 사람은 많지 않다는 점을 꼭 기억해야 합니다.

▬ 메신저로 하는 고백

문자 메시지나 메신저를 통해서 농담같이 보내는 고백도 매력 없는 방법입니다. 슬쩍 좋아한다는 뉘앙스를 풍기고서는 '아니면 말고' 하는 식으로 고백하려는 사람들이 있습니다. 이런 식의 고백은 상대방으로 하여금 책임감 없고 자신감도 없는 사람이라는 이미지를 남깁니다. 고백한다고 해서 지나치게 분위기를 잡을 필요는 없지만 마음을 전하는 순간만큼은 진지해져야 합니다.

■ 친구들까지 동원한 고백

고백을 하고자 친구들의 도움을 받는 경우가 있습니다. 친구들의 조언에 따라 이벤트를 준비하기도 하고, 때로는 친구들이 악역을 담당하여 가짜 위기상황을 만들어 멋있게 구출하는 작전을 짜기도 합니다. 실제 이런 고백은 상대방이 쉽게 눈치 챌 수 있어 난감한 결과를 가져옵니다. 고백하는 데 친구들까지 이용한다는 것은 스스로 용기가 없다는 것을 자백하는 것과 다름이 없습니다. 더구나 혼자서는 아무 일도 못하는 사람처럼 각인될 수도 있습니다. 「용기 있는 자가 사랑을 얻는다!」 여기서 용기가 뜻하는 것은 폭력적이거나 싸움을 잘하는 것이 아니라 '내 스스로 두려움을 이겨낼 수 있는 용기'를 의미한답니다.

제2장
사랑을 싹틔우다

오늘부터 1일이야

　새로운 사람을 만난다는 건 참으로 설레는 일입니다. 더욱이 서로 좋은 감정을 가지게 된다는 것은 더없이 기쁜 일이죠. 지구상에 있는 60억 인구 중에서 남녀로 태어날 확률, 그리고 우리나라에 같이 존재할 확률, 같은 지역에서 비슷한 시대를 살아갈 확률까지 생각하면, 굳이 복잡한 계산을 하지 않고서라도 기적에 가깝다고 볼 수 있습니다. 과연 옷깃만 스쳐도 인연이라는 말이 맞나 봅니다.

　만남은 참 소중합니다. 서로 호감을 갖는다는 것, 사귀는 사이로 발전한다는 것은 더욱 소중합니다. 더구나 서로 사랑의 추억을 하나하나 쌓아가는 것은 가치 있는 일일 것입니다. 그래서 누구나 이성교제를 특별하게 생각하나 봅니다.

특별한 이성교제를 더욱 특별하게 만들어주는 것이 기념일입니다. 그런데 기념일 챙기는 것에 너무 신경을 쓰다 보면, 정작 마음과 감정의 소중한 가치를 잃어버리기 쉽습니다.

"오늘이 우리 100일인 깃 몰랐어?"

"오늘 우리 만난 지 며칠인지 알아?"

"이번 밸런타인에는 어디로 놀러갈까?"

"생일선물이 이게 전부야?"

작정하고 기념일이나 이벤트 데이를 챙기고자 한다면 1년이 모자랄 정도입니다.

각자의 생일은 기본이고, 밸런타인 데이와 화이트 데이, 할로윈 데이, 크리스마스뿐만이 아닙니다. 어린이는 아니지만 꼭 챙기고 싶은 어린이날도 있습니다.

여기에 더해서 만난 지 50일, 100일, 200일, 처음 데이트한 지 100일, 처음 손잡은 지 100일 등등….

기념해야 될 날짜들을 적다 보면, 어느새 달력이 빼곡해집니다. 생각보다 많은 기념일과 이벤트 데이를 챙겨야 하는 게 살짝 부담스러워지기도 합니다. 그런데 이왕 이성교제 하는 것, 이것저것 많은 기념일을 챙기고 싶은 욕심이 생기게 마련입니다.

이성교제에서 가장 중요한 게 무엇일까요? 이성교제란 기념일에 선물을 주고받거나 이벤트를 챙기는 것이 전부가 아닙니다. 이성교제는 함께 감정을 나누는 것입니다. 만약 이성교제 하는 남녀 모두가 기념일 챙기는 것을 좋아하는 성향이라면 즐거운 마음으로 특별한 날을 즐길 수 있을 것입니다. 하지만, 한 사람이 일방적으로 원해서 억지로 챙기는 기념일은 오히려 상대방에게 부담스러운 숙제가 될 뿐입니다. 기념일을 챙기는 것보다, 상대방의 감정과 마음을 먼저 챙겨보세요.

'오늘 기분은 어떤지?'
'힘든 일은 없는지?'
'어떤 좋은 일이 있었는지?'
'잠은 잘 자고, 푹 쉬고 나왔는지?'
'끼니는 잘 챙겨 먹고 있는지?'

상대방의 마음과 건강을 먼저 챙겨 주세요. 이성교제를 하는 감동의 크기가 훨씬 더 커질 것입니다. 기념일과 이벤트 데이는 이성교제를 맛깔나게 해주는 양념입니다. 양념이 과하면 오히려 음식을 망칠 수 있으니 적당히 하는 게 좋겠죠?

우리 어색하지 않아요

드디어 첫 데이트를 하게 되었습니다. 그런데 생각보다 어색한 분위기입니다. 서로 좋아하는 감정을 들켜버려서 그런 걸까요? 이제 1일차, 사귀는 사이인데도 생각보다 다가서는 게 어색할 수도 있습니다.

아직 서로의 심리 스펙트럼을 잘 알지 못하는 경우 이런 어색함이 생길 수 있습니다. 심리 스펙트럼은 생각의 차이를 나타내는 심리적인 지표입니다. (6장에 나오는 이해심과 배려심을 키워주는 「심리 스펙트럼」 부분을 참조하세요.) 이를 잘 이해하지 못할 경우 서로 오해가 생기거나, 다툼이 일어나기 쉽습니다. 그래서 사람은 본능적으로 상대방에게 조심스럽게 접근하게 됩니다. 하지만 「조심스러운 접근」은 상대방이 어색하다고 느끼는 원인이 되기도 합니다.

그렇다고 자신이 하고 싶은 대로만 일방적으로 행동하고 말한다면, 그 이성교제는 오래가지 못할 확률이 높습니다. 왜냐하면 이성교제는 서로의 생각과 마음을 맞추어가는 교감이 매우 중요하기 때문이죠. 이렇게 마음을 잘 맞추어가는 것을 라포Rapport를 쌓는다고 표현합니다. 서로 라포가 충분히 형성되면 어색함은

자연스럽게 사라지게 됩니다.

　나도 모르게 하는 생활 속의 작은 실수들은 오히려 서로 어색함을 해소하는 역할을 하기도 합니다. 음식을 먹다 흘리거나, 소지품을 잊어버리거나 하는 실수는 오히려 연애 과정에서 발생할 수 있는 심리적인 긴장을 풀어주는 계기가 됩니다. 너무 과한 실수가 아니라면, 웃음 코드로 작용하여 분위기를 좋아지게 합니다. 그리고 실수한 것을 만회하려는 행동을 통해, 상대방에게 신뢰감이나 책임감을 보여주기도 합니다. 결국 이런 사소한 실수가 의도치 않게 라포 형성에 도움을 주는 것입니다.

　어색하다는 것은 아직 익숙하지 않다는 것과 같습니다. 익숙하지 않은 심리는 서로에 대한 호기심과 신비감을 유지하는 원동력이 되기도 합니다. 데이트 첫날부터 어색함이 전혀 없는 관계라면, 사랑이 아닌 우정인지도 모릅니다.

✕✕✕✕✕✕✕✕✕✕✕✕✕✕✕✕✕✕✕✕✕✕✕✕✕✕✕✕

━ 라포 [Rapport]

사람과 사람 사이에서 형성되는 서로 간의 신뢰를 지칭하는 심리학 용어로 '라포르' 혹은 '라뽀'라고도 합니다. 「서로 마음이 통하는 사이」 혹은 「속 깊은 이야기도 터놓고 말할 수 있는 사이」 와 같은 느낌입니다. 이성적, 감정적으로 서로 믿고 이해할 수 있는 관계를 의미합니다.

✕✕✕✕✕✕✕✕✕✕✕✕✕✕✕✕✕✕✕✕✕✕✕✕✕✕✕✕

네 마음에
누가 살고 있는지…

이성교제를 시작하면 내 마음의 주된 관심사가 바뀝니다. 이제부터는 관심의 대상이 「내」가 아니라 「그 아이」가 됩니다. 그래서 모든 생각과 감정의 중심이 그 사람으로 변해버립니다.

그 아이 때문에 웁니다.

그 아이 때문에 웃습니다.

그 아이 때문에 짜증이 납니다.

그 아이 때문에 기쁩니다.

그 아이 때문에 행복을 느낍니다.

그래서 사랑하려고 하면 먼저 마음의 문을 열어야 한다고 말하는지도 모릅니다. 마음의 문을 열어서 상대방을 초대하는 것이 사랑을 맞이하는 첫걸음입니다. 우리가 처음 사랑을 느끼게 되면 부끄러워하는 감정이 든다고 합니다. 왜냐하면 상대방이 자신의 마음속에 들어온 것과 같거든요. 「마음을 들킨다」는 것도 이런 심리 상태를 잘 표현해주는 말입니다.

간혹 자신의 마음의 문은 철저하게 닫아놓은 상태에서 이성교제를 하려고 하는 사람이 있습니다. 이런 경우는 「사랑하고 싶다」는 것보다는 「위로받고 싶다」는 심리가 더 크기 때문이라고 할 수 있습니다. 그래서 마음의 문을 열지 않고 이성교제하려는 사람은 집착하려는 행동을 자주 보입니다. 진정한 사랑은 서로 마음의 문을 열고 교감하는 것입니다.

항상 그 아이에 대해서 생각하다 보면, 그 아이와 실제로 함께 있는 것 같은 착각이 들기도 합니다. 함께 있는 듯한 느낌에 취하기도 합니다. 이런 느낌은 묘한 자신감과 기쁨이 되어 삶의 활력을 줍니다. 그래서 혼자 길을 걷는데도 괜히 즐겁고 웃음이 나는 것입니다. 이게 바로 사랑의 힘입니다.

그 아이가 항상 옆에 있어줘서, 그리고 마음을 함께 나눌 수 있어서 고맙다는 생각이 든다면 순수한 사랑이라고 할 수 있을 것입니다.

기다려주는 것도 사랑

그 아이를 항상 보고 싶고, 연락하고 싶다면 어떻게 해야 할까요? 사랑하는 사람이 생기면 매일 보고 싶은 마음이 드는 것이 당연합니다. 직접 만날 수 없다면 메시지나 전화 통화라도 하고 싶어집니다. 항상 내 마음 곁에 그 아이가 있다는 것에 안도감이 듭니다. 점점 더 그 아이의 연락에 집착하기도 합니다.

어쩌다 그 아이가 전화를 받지 않는다면 조바심이 나기도 합니다.

그래서 부재중 전화 1통, 2통, 3통.

61

'아, 왜 안 받지?'

부재중 전화 10통.

그래도 받지 않는다면 화가 납니다.

'뭐하는 거지? 왜 내 전화 안 받지? 나 무시하나? 다른 사람 만나나?'

부재중 전화 50통.

'아니, 무슨 일 생겼나? 사고라도 난 거 아니야? 어떡하지?'

잠시 후 그 아이에게 전화가 옵니다.

"무슨 일 있어?"

안도감과 더불어 화가 나면서 기분도 상합니다.

갑자기 마음이 복잡해집니다.

"왜 전화 안 받았어? 지금 뭐해? 걱정했잖아!"

괜한 걱정, 괜한 상상으로 자신의 기분만 나빠진 것일 수도 있습니다. 항상 함께하고 같이 붙어 있는 것만이 사랑이 아닙니다. 가끔은 기다려주고, 모른 척해주고, 인내하는 것도 사랑의 또 다른 모습입니다.

상대방을 걱정하는 마음에 받을 때까지 연락하고 싶은 마음을 이해할 수는 있습니다. 하지만 과한 연락은 오히려 상대를 괴롭히는 행동이란 것을 잊어서는 안 됩니다. 이성교제하는 사이라는 이유로 상대방의 사생활이나 인격까지 마음대로 좌지우지할 수 있는 것은 아니니까요. 사랑하는 사이라면 더욱 매너와 예의를 갖추어야 합니다.

매일 함께
이야기하고 싶어

사랑을 하게 되면 참 놀라운 변화가 많이 생깁니다. 자신에 대해서 다시 한번 생각해보게 됩니다. 그래서 이기적이었던 습관도 고치고, 욕심도 부리지 않게 됩니다. 그 아이를 위한 행동이 때로는 자신을 더 불편하고 힘들게 만들지만, 자신의 희생이 오히려 더 기쁘고 즐거울 때도 있습니다. 이성교제 하면서 느낄 수 있는 이런 감정은 다음과 같은 말로 완성됩니다.

"고마워."

"미안해."

"사랑해."

사귀는 사람과 애틋한 사랑이 싹트는 순간은 PC방에서 각자 게임하며 데이트할 때가 아니라, 함께 걸으면서 이야기 나누는 순간일 것입니다. 함께 이야기를 나누면서 서로의 생각과 마음을 이해할 수 있으니까요.

'왜 그렇게 행동하는지?'

'왜 그렇게 말했는지?'

대화를 통해서 교감하면서 상대방을 이해하거나 오해를 줄일 수도 있습니다. 그래서 이성교제를 시작하면 만나서 대화할 수 있는 기회를 자주 마련하는 것이 좋습니다. 서로의 마음을 어느 정도 알고 나서 그 다음에 영화, 놀이공원, 여행 등으로 추억을 쌓는 것이지요.

만약 자주 만날 수 없는 상황이라면, 문자메시지나 SNS 메신저를 통해서 대화를 주고받을 수도 있습니다. 하지만 아무래도 상대방의 기분을 파악하는 것에 한계가 있어서 실제 대화만큼 교감은 어렵습니다. 하지만 음성 통화나 영상 통화로 이를 어느 정도 극복할 수는 있습니다.

사실 항상 같이 있고 싶은 마음도, 스킨십을 하고 싶은 마음도 결국은 내화도 더 친밀해지기 위한 핑계일지도 모릅니다. 함께 있다고 해도 말없이 가만히 있는 건 특별한 상황이 아니고선 상상하기 힘들죠. 왜냐하면 대화는 마음과 마음을 이어주는 징검다리 역할을 하기 때문입니다.

항상 네 생각이 먼저야

좋아하는 사람과 만나고 교감하며 연애를 합니다. 이성교제가 시작되면 마음에서 어떤 감정이 우러나오는 것을 느낄 수 있습니다. 이 감정은 때로는 자신의 눈을 멀게 하기도 하고, 때로는 마음을 휘저어놓기도 합니다.

진정한 사랑의 감정이 싹트는 순간부터 세상의 중심은 「내」가 아니라 「그 아이」가 됩니다. 아무리 이기적인 사람이라고 해도, 사랑의 감정 앞에서는 무한한 양보와 배려를 하게 마련입니다. 사랑은 계산하지 않습니다. 사랑에는 조건이 없습니다. 사랑은 거래의 대상도 아닙니다. 자신의 마음이 느끼는 희열이자 감동의 표현입니다.

우리는 마음이 통하는 이성을 만나 사랑을 키워가면서 점차 사랑의 참된 가치를 배우게 됩니다. 때로는 이유 없이 배려하고, 이해하고, 양보하고, 인내하는 모습을 보입니다. 그 이유는 상대방의 기분을 헤아리고 배려하려는 자신의 마음 때문입니다.

자신의 생일보다 상대방의 생일을 먼저 챙기는 것.
식사할 때 상대방이 좋아하는 음식 메뉴를 선택하는 것.
출입문을 열어주는 것.
걸음걸이의 속도를 맞춰주는 것.
이렇게 생활 속에서 사소하게 묻어나는 행동들은 상대방을 먼저 생각하는 마음에서 출발합니다.

자신이 좋아하는 것을 모두 포기하고 상대방이 좋아하는 것을 하나라도 더 챙겨주려는 마음은, 사랑이라는 바다에 자신의 몸을 던지는 것과 같습니다. 정말 사랑에 빠졌다면 말입니다.

자신의 삶의 목적.

자신의 마음.

자신의 행동.

자신의 생각.

이 모든 것의 결론이 하나가 되어버립니다.

바로「그 아이」!

보고 또 보고 싶은데

사랑하면 자꾸 보고 싶습니다. 항상 그 아이의 모습이 눈앞에 아른거립니다. 그리고 그 아이의 목소리도 계속 들리는 듯한 착각이 듭니다. 영화나 웹툰에 등장하는 멋스러운 주인공이 모두 그 사람과 비슷해 보이기도 합니다.

사랑을 주제로 하는 많은 노래에 「보고 싶다」는 가사가 자주 등장합니다. 「보고 싶다」라는 말은 「사랑한다」는 말과 비슷한 힘을 가지고 있습니다. 그래서 누군가에게 「보고 싶어」라고 하는 것은 「사랑한다」는 뜻을 내포합니다.

보고 싶은 사람이 있는데 볼 수 없다면, 당연히 마음 한구석에 빈자리가 생깁니다. 이 빈자리는 그 사람을 만날 때까지 점점 커져갑니다. 마치 파도가 밀려오는 것처럼 말이죠. 우리는 이렇게 텅 빈 마음을 「그리움」이라는 단어로 표현합니다.

그리움은 사랑의 감정을 더 키우는 역할을 합니다.
「Out of sight, out of mind.」

그 사람이 눈에 보이지 않으면 사랑이 금방 사그라진다고 합니다. 하지만 그리움의 감정이 있다면 전혀 다른 이야기가 됩니다. 그리움은 그 사람이 보이지 않더라도 마음속에 사랑의 불꽃을 계속 유지시키는 힘을 가지고 있습니다. 그리움은 작은 사랑의 불씨를 때로는 거대한 사랑의 불꽃으로 키워가는 저력도 가지고 있습니다. 그리움은 사랑을 숙성시키는 신비한 감정입니다.

산설하게 보고 싶었던 사람이 눈앞에 등장하면 어떤가요? 나도 모르게 기쁨의 웃음이 먼저 나옵니다. 그리고 즐겁고 행복해집니다. 마음속의 어두웠던 생각들이 순식간에 사라져버립니다. 여러분도 이렇게 함께하는 것만으로도 행복한가요? 그렇다면 그 사람을 진짜 사랑하고 있는지도 모릅니다.

사랑은 도구가 아니라 감정이래

외로움을 달래려고 하는 이성교제는 사랑이 아닐지도 모릅니다. 외로움은 가끔 사람의 판단을 흐리게 만들기 때문이죠. 사랑이라고 믿고 있었지만 외로움을 달래려는 몸부림이었을 수도 있습니다. 사랑의 힘은 분명히 강력하지만, 사랑을 가장한 외로움의 힘도 이에 못지않습니다. 사랑으로 시작했지만 외로움으로 돌변해버리는 안타까운 이성교제도 있으니까요.

진정한 사랑의 이성교제인지, 외로움을 달래려는 이성교제인지 쉽게 알아차리는 방법이 있습니다. 사랑은 「감정」이라는 것만 잘 기억하면 됩니다. 진정한 사랑은 행복과 즐거움과 같은 감정을 느낄 수 있습니다. 이성교제의 과정에서 사랑이라는 감정이 피어나는 것이죠. 하지만 외로움 때문에 하는 연애는 자꾸 사랑을 도구로 이용하려 합니다.

사랑하니까 만나줘.

사랑하니까 연락해.

사랑하니까 스킨십 하자.

사랑하니까 이해해.

이렇게 뭔가를 요구하는 것은 바로 외로움 때문입니다.

사랑이라는 이유로 모든 걸 다 해결하려 하면 안 됩니다. 사랑을 도구로 이용하는 연애는 오래 지속하기 힘들고, 또 상대방의 마음을 지치게 하는 원인입니다. 외로움 때문에 시작한 이성교제는 주종관계나 종속관계가 됩니다. 마치 강아지나 고양이처럼, 어떨 때는 하인처럼 일방적으로 끌려다니는 이성교제를 할 수밖에 없습니다.

'그 사람이 나를 너무 힘들게 하는데…'라는 생각이 든다면, 어쩌면 지금 당신은 사랑을 핑계로 외로움을 해소하려는 사람과 사귀고 있는지도 모릅니다.

74

사랑을 도구로 삼아 이성교제를 하는 것은 진정한 사랑도, 진정한 연애도 아닙니다. 여러분 자신을 인격적으로 인정하고 이해해주는 것이 사랑의 시작입니다. 서로에 대한 이해와 배려가 가장 중요한 사랑의 뿌리라고 할 수 있습니다.

다른 사람들은
데이트할 때 뭐하지?

이성교제를 시작한 지 200일.

이쯤 되니 이제 만날 같은 패턴의 데이트를 하게 되지 않나요? PC방, 영화관, 카페, 맛집 등 항상 비슷한 장소에서 비슷한 대화를 하는 데이트가 점점 지겨워질 수 있습니다. 그래서 인터넷에 이색 데이트 장소를 찾아봅니다. 하지만 놀이공원도 매번 비슷하고 만화 카페를 가는 것도 처음 몇 번은 재미있지만 또 똑같은 패턴으로 지겨워집니다. 그래서 같이 있을 때 그 아이와의 흥미도 떨어지는 것 같습니다. 다른 사람들은 데이트할 때 무엇을 하는지 친구들에게 물어봅니다. 그런데 자신이 하고 있는 데이트

와 크게 다르지 않습니다. 인터넷 커뮤니티에 물어봐도 답을 찾기 힘듭니다.

보통 데이트라고 하면 돈을 지불하면서 무엇인가를 하려고 하고, 어딘가를 가려고 합니다. 결국 이런 것들은 추억을 만들려는 행동입니다. 그런데 잘 생각해보면 추억은 함께 있는 것만으로도 충분히 만들어낼 수 있습니다. 유명한 관광지에 가서 사진을 찍어서 만드는 추억도 있지만, 평범한 일상이지만 마음속에 깊이 남는 추억도 있습니다. 추억에 있어서 데이트 장소보다 더 중요한 것은 감정과 대화라고 할 수 있습니다.

간혹 이성교제나 데이트 상황을 SNS에 업로드하기 위한 소재거리로만 사용하는 경우도 있습니다. 그래서 화려한 볼거리가 있는 곳에 가서 사진을 찍기 위한 데이트를 하려고 합니다. 교감이 없는 보여주기 식 데이트는 오히려 상대방의 감정을 상하게 만들 수도 있으니 주의해야겠습니다.

이성교제에서 중요한 것은 어디를 가서 무엇을 하느냐가 아닙니다. 사귀는 사람과 이면 감정을 어떻게 공유하느냐가 더 중요합니다. 물론 같은 취미생활을 공유하고 즐기는 것도 좋은 데이트이겠지만, 사랑이라는 감정을 공유하는 것이 오랫동안 예쁘게 데이트할 수 있는 비법입니다. 그런데 우리는 흔히 이런 감정을 공유하는 것에는 크게 관심을 두지 않고 장소에 대해서만 고민을 많이 합니다. 그래서 점점 더 흥미롭고 점점 더 이색적인 곳에서 데이트를 해야 사랑하는 감정이 유지된다고 착각합니다. 결국 이런 데이트 방법은 싫증에 빠질 가능성이 큽니다.

사랑을 시험하지 말자

사귀는 사람과 사랑의 감정을 나누다 보면 간혹 이 사랑이 진심인지 궁금해질 때가 있습니다. 때로는 이 아이의 속마음을 확인해보고 싶기도 합니다. 그래서 질투를 유발하는 말을 한번 툭 건네 보기도 합니다.

"남들은 이거 대신 해준다고 하던데."
"누가 나를 좋아한다고 하네. 웃기지?"

이런 말을 들은 상대방은 당연히 발끈하게 마련입니다. 물론 불쾌한 기분을 겉으로 드러내는 사람도 있고, 마음속으로 삭히면서 인내하려는 사람도 있습니다. 하지만 사람은 본능적으로 질투심을 가지고 있습니다.

질투에 대한 남녀의 심리는 큰 차이를 보입니다. 여성은 관계와 친밀도에 대해서 큰 관심을 보이는 반면, 남성은 자신의 관심 분야에 대해서 반응을 하기도 합니다. 그렇지만 남녀를 불문하고 이성교제를 하는 도중에 발동하는 질투심은 심한 다툼이나 이별로까지 번질 수 있습니다.

사랑을 확인해보고자 질투심을 유발하려는 행동은 자제해야 할 것입니다. 때로는 상대방이 질투 때문에 무모한 행동을 하기도 하고, 때로는 상대방의 자존심이 상해버리는 경우도 있기 때문입니다.

이성교제를 하면서 상대방의 마음이 어떠한지 궁금한 것은 당연합니다. 하지만 질투심을 유발시켜서 자신에 대한 사랑을 확인한다거나 마음을 떠보려는 것은 오히려 부정적인 결과만을 가져옵니다. 사람의 마음은 함부로 테스트하거나 평가하는 대상이 아닙니다. 특히 이성교제 하는 상대방의 마음은 사랑과 관심을 주면서 아끼고 보살펴야 하는 대상입니다. 예쁜 사랑은 상대방의 마음마저 보듬어줄 수 있는 넓은 마음의 그릇을 만드는 것과 같습니다.

막상 연애를 시작하면 고민거리가 많아집니다. 매번 만나서 무엇을 하고 어떤 데이트를 해야 하는지 점점 머리가 아파옵니다. 인터넷 추천 데이트 코스를 가 봐도 생각보다 재미도 없고 의미도 없습니다. 남들이 추천하는 공원이나 맛집을 가 봐도 별 감흥이 없는 경우가 많습니다.

특별한 장소에 가면 사람의 마음이 확 변할 것이라고 생각하는 것은 엉뚱한 환상이나 조급증을 만들어냅니다. 데이트를 하는 과정에서 다양한 대화나 활동을 통해서 교감을 늘려가는 것이 중요하다는 이야기입니다. 색다른 체험을 하고 의미까지 있는 이런 데이트는 어떨까요?

도네이션donation 데이트

봉사활동을 함께 하는 것도 좋은 추억을 남길 수 있는 데이트 방법입니다. 강아지나 고양이를 좋아한다면 유기동물 임시보호소 같은 곳을 방문해서 동물을 돌보는 활동이 가능합니다. 환경

미화나 어린아이들과 시간을 보내는 등 의미 있는 다양한 봉사 활동이 있습니다. 만약 악기를 다룰 수 있는 등 특기가 있다면 재능기부를 해보는 것도 좋습니다. 사귀는 사람과 함께 의미 있는 활동도 하고, 봉사활동 경력도 쌓는 일석 삼조의 데이트 방법입니다.

스터디^{study} 데이트

학생의 신분으로 하는 이성교제는 인생의 걸림돌이라고 생각하는 사람들이 많습니다. 반면, 조금만 발상을 전환해본다면 이성교제와 학업 두 마리의 토끼를 잡는 방법이 있습니다. 사귀는 사람과 함께 공부를 하는 것입니다. 각자 자신 있는 영역을 서로에게 알려주면서 상부상조하는 공부 연애법. 함께 공부를 하면 의외로 보람을 느낄 수 있는 하루가 될 것입니다.

리프레시refresh 데이트

산책이나 자전거 타기 등 생활 속에서 쉽게 할 수 있는 활동을 같이 하는 것입니다. 한 시간 정도의 산책만으로도 신진대사가 활발해지고, 심리적인 안정을 느낄 수 있습니다. 또 함께 걸으며 많은 대화를 함으로써 이해와 공감의 시간이 되도록 할 수 있습니다. 등하굣길에 언제든지 가능한 데이트 방법입니다.

취미 데이트

함께 할 수 있는 취미를 공유하는 데이트 방법입니다. 댄스나 요리, 스포츠 등 취미 활동을 함께 즐기는 것입니다. 취미를 공유하면 서로 알지 못하였던 성격을 파악할 수 있고, 공통된 목표를 달성하는 성취감을 느낄 수도 있습니다.

제 3 장
한 걸음 더 다가서다

짜릿하고 부드러운 느낌

마음이 가까워지면 자연스럽게 몸이 가까워집니다. 그래서 함께 걸어가는 커플의 모습만 봐도 그 관계를 어느 정도 알 수 있습니다. 서로 친밀하게 라포가 쌓였다면 한층 더 가까운 거리에서 상대방을 대하게 마련입니다.

가까워진 거리는 몸과 몸이 마주 닿는 터칭을 부릅니다. 터칭은 말하지 않아도 마음이 통하는 마법의 시작입니다. 스티븐 스필버그 감독의 영화 「ET」에서 주인공은 서로 마음이 통하는 방법으로 손가락과 손가락을 서로 맞닿게 하는 방법을 사용합니

다. 미켈란젤로가 그린 시스티나 성당의 천장 벽화 '천지창조'에서도 태초의 인간인 아담과 하나님의 손가락이 맞닿는 모습을 볼 수 있습니다. 터칭은 친밀한 관계를 나타내기도 하며 동시에 마음이 통하는 통로를 뜻하기도 합니다. 그래서 수많은 문학 작품과 역사적인 기록에서 이와 같은 터칭의 이미지를 찾아 볼 수 있습니다.

굳이 거창한 문학 작품이 아니어도 우리는 터칭으로 쉽게 마음이 통하는 것을 느낄 수 있습니다. 마주앉아서 이야기를 하는 것보다 손을 잡고 이야기하면 더 많은 것을 느끼고 이해할 수 있습니다.

손을 잡고 함께 길을 걷는다고 생각해보세요.
걸음걸이의 리듬.
상대의 호흡.
손의 촉감과 온도.
향긋하게 느껴지는 체취.
말로 하지 않아도 느낄 수 있는 것들이 많습니다. 이렇게 몸에서 몸으로 전해지는 감각들은 언어보다 진실되고 정직합니다.

그래서 터칭을 하면 더 친근한 관계로 들어가는 문이 열린다고
할 수 있습니다.

처음 접하는 터칭은 사뭇 긴장되고 짜릿하기까지 합니다. 심장
이 두근거리고 호흡도 가빠집니다. 얼굴이 붉게 달아오르고 손
에서 땀이 납니다. 내 몸의 이런 변화는 사랑을 인지하는 신호와
도 같습니다.

×××××××××××××××××××××××××××××

━ 스킨십 vs. 터칭

스킨십 [skin-ship] : 주로 한국, 일본, 중국 등 일부 동양 국가에서 성적인 신체 접
촉을 일컫는 말입니다.

터칭 [touching] : 우리가 생각하는 신체적인 접촉을 영미권 국가에서는 터칭으
로 표현하는데, 이편이 더 자연스럽고 폭넓은 의미를 내포하고 있습니다.

×××××××××××××××××××××××××××××

따뜻한 손의 감촉

연애에 있어서 의미를 부여할 수 있는 스킨십의 시작은 손잡기입니다. 손잡는 것을 대수롭지 않게 여기는 사람도 있습니다, 하지만 상대의 손을 잡는 것은 마음을 주고받는 사이라는 증거입니다.

비즈니스 세계에서 악수는 신뢰의 인사 방법입니다. 어른들은 반가운 사람과 만났을 때도 악수를 합니다. 다툼이 끝나면 화해의 의미로 악수를 하기도 합니다. 이렇듯이 손을 잡는 것에는 여러 가지 감정이 담겨 있습니다. 중요한 것은 그 감정은 대개 긍정적이고 좋은 느낌의 것이라는 점입니다.

사귀는 사이라면 손을 잡는 것만으로도 마음이 전해집니다.

손이 차갑다면 왠지 따뜻하게 보듬어주고 싶습니다.

손이 따뜻하다면 그 따스함을 같이 나누고 싶습니다.

손이 거칠다면 보드랍게 녹여주고 싶습니다.

손이 부드럽다면 더욱 어루만지고 싶은 마음입니다.

손에 힘이 없다면 용기를 북돋아주고 싶습니다.

손에 자신감이 가득하다면 그 기운을 함께 나누고 싶습니다.

그 어떤 스킨십보다 손잡는 것을 좋아하는 사람도 많습니다.

따뜻한 봄날 벚꽃 길을 함께 손잡고 걸을 때.

소나기를 피하기 위해서 작은 우산을 같이 맞잡을 때.

울긋불긋 단풍잎이 날리는 가을에 손을 잡고 걸을 때.

함박눈 내리는 날 그 아이 주머니 속에서 함께 손을 잡을 때.

따뜻한 손의 온기가 느껴지면 마음이 편안해지며 마음의 거리
도 한층 가까워집니다. 꼭 잡은 손은 서로 마음이 통하는 사이라
는 증거이니까요.

너를 안으면 따뜻해

포옹은 우리가 생각하는 것보다 훨씬 더 큰 힘을 가지고 있습니다. 서로의 몸을 끌어안는 포옹은 신체뿐만 아니라 마음까지 어루만지며 포용합니다.

눈을 가리고 상대가 누구든 관계없이 포근하게 안아주는 프리 허그 이벤트가 있습니다. 그 모습을 가만히 지켜보면 놀라운 장면을 목격할 수 있습니다. 포옹을 하고서 하염없이 눈물을 흘리는 사람도 있고, 고개를 떨구고 깊은 생각에 잠기는 사람도 있습니다 기쁨을 넘어 환희의 표정으로 포옹을 마치는 사람도 있고, 행복을 느끼며 프리허그에 동참하는 사람도 있습니다.

몸을 부둥켜안으면서 사람은 정서적으로 많은 교감을 하게 됩니다. 따뜻한 포옹은 행복, 기쁨, 반성, 후회, 희망, 의지, 열망과 같이 다양한 감정을 동시에 불러일으키는 힘이 있습니다. 그래서 포옹은 마음이 통하는 아주 친밀한 사이에서만 하는 애정 표현 방법이기도 합니다.

포옹은 사랑을 나누어주는 사람이 더 적극적으로 하는 행동입니다. 그래서 어머니, 아버지가 어린 아이들을 껴안아주는 것이지요. 그런데 이성교제에서는 사랑을 받고자 하는 사람도 포옹을 바랍니다. 이때는 포근함과 간절함이 동반된 포옹이라 할 수 있습니다.

어떤 사람은 포옹을 마치 성관계로 가는 중간 단계쯤으로 생각하기도 합니다. 하지만 포옹은 경우에 따라서 성관계보다 더 큰 의미가 있는 스킨십이 되기도 합니다. 포옹은 외로움을 달래주는 힘을 가지고 있으며, 공감의 힘을 더 크게 만들어주기도 합니다. 말 못할 속사정을 자연스레 알아주는 계기가 되기도 하고,

불안에 떨고 있는 누군가를 안심시켜주는 약이 되기도 합니다.

　포옹은 상황과 대상에 구분이 없습니다.

　졸업식장에서 아빠가 딸을 포옹하는 모습.

　거리에서 오랜만에 고향 친구를 만나 포옹하는 노인의 모습.

　병원 앞에서 노모를 포옹하는 중년의 아저씨 모습.

　공항 출국장에서 자녀를 껴안은 엄마와 그 모두를 함께 포옹하는 아빠의 모습.

　이렇듯 따뜻한 포옹은 마음을 전하는 도구로 폭넓게 활용할 수 있습니다.

　또, 포옹은 아프거나 다친 누군가의 마음을 위로해줍니다.

　시험에 떨어졌을 때.

　취직에 실패했을 때.

　연인과 이별했을 때.

　가족과 헤어져야 할 때.

　그리고 마음이 너무 힘들고 지쳐있을 때.

　가볍게 껴안고 등을 토닥여주는 포옹은 세상 무엇보다 든든한 힘이 됩니다.

누군가를 포용한다는 것은 관심과 사랑의 적극적인 표현입니다. 포옹은 그 사람의 모든 것을 이해하고 보듬겠다는 너그러운 마음이 담겨 있는 행동입니다.

숨 쉬는 게 느껴져

청소년기가 지나면 키스라는 단어만으로도 설레고 로맨틱한 상상을 하기도 합니다. 우리들은 태어나서부터 지금까지 수많은 키스를 받아왔습니다. 바로 부모님으로부터 말이죠. 비록 기억이 잘 안 날지는 모르겠지만 어쩌면 가장 익숙한 경험을 가진 스킨십이자 애정 표현 방법입니다.

우리는 키스를 에로틱한 스킨십의 한 종류로 알고 있지만, 우리가 생각하는 것 이상의 의미를 지니고 있습니다. 그래서 키스는 단순히 육체적인 접촉이 아니라 마음이 통하는 행동이기도 합니다. 키스는 존중, 희생, 봉사, 배려, 격려, 환희, 용서 등의 의미도 가지고 있습니다. 그렇기 때문에 키스는 사귀는 사이뿐만 아니라 가족 혹은 공동체나 지역사회에서도 사용하는 것입니다.

사귀는 사이에서 하는 키스는 성적인 상징성을 가지고 있습니다. 때로는 성관계보다 더 자극적이고 마음을 교감하는 스킨십이 키스입니다. 그래서 사랑하는 관계가 아니라면 오히려 불쾌감을 더 크게 느끼게 됩니다.

문학 작품이나 영화 등에서 첫 키스를 예찬하는 경우가 자주 등장합니다. 그래서 이런 작품들은 아직 키스의 경험이 없는 사람들의 호기심을 증폭시키기도 합니다. 하지만 정작 첫 키스를 경험한 사람들 중 적지 않은 사람이 특별한 감흥이 없었다고 이야기합니다. 키스라는 행위만으로는 큰 만족감이 없을 수도 있습니다.

중요한 것은 마음입니다. 서로 마음이 통하고 사랑을 주고받고 있다고 생각하는 사이라면 상황이 달라집니다. 키스를 매개로 서로의 마음을 확인하고 또 교감할 수도 있습니다. 키스하는 동안 느낄 수 있는 상대방의 숨소리, 체온, 촉감 등은 서로 사랑하는 사이에서만 느낄 수 있는 특별한 교감입니다.

키스와 같은 애정 표현은 반드시 둘이서 안전한 공간에서 해야 합니다. 내가 당장 키스하고 싶다고 길거리나 지하철, 학교 같은 공공장소에서 키스를 한다면 수많은 사람들의 따가운 눈총을 받을 것입니다. 애정 표현도 문화, 환경, 역사 등의 다양한 영향을 받습니다.

그렇기 때문에 어떤 나라에서는 자연스러울 수 있지만 다른 곳에서는 그렇지 않을 수도 있습니다.

진정 상대방을 아끼고 사랑한다면, 다른 사람들의 비난을 받지 않도록 배려해주는 것이 중요하겠죠? 키스는 사랑의 표현이며 동시에 배려심 있는 사람인지 확인할 수 있는 중요한 지표입니다.

아직은 이른 그것

성관계는 남녀가 성적인 행동을 하는 것입니다. 성적인 행동이라고 하면 참 광범위하고 애매한 표현이기도 합니다. 성관계라는 표현도 참 다양합니다. 섹스, 성교, 교접, 운우, 짝짓기 등등 우리 말에도 성관계를 표현하는 말이 참 다양합니다. 그 이유는 그만큼 은밀하고 쉽게 언급하기 어려운 행동이기 때문입니다.

성관계는 남녀가 서로의 성기를 이용하는 애정 행위이죠. 주로 성기를 이용해야 하니 당연하게도 은밀한 행동이 될 수밖에 없습니다. 성관계를 하면 남성의 성기에서 정액이 흘러나오게 됩니다. 정액에는 정자가 들어 있어서, 만약 남성의 성기가 여성의 성기 안에 삽입된 상태에서 사정을 한다면 남성의 정자가 여성의 난자와 만나게 됩니다. 정자와 난자가 만나 여성의 자궁에 착상하는 것을 임신이라고 합니다.

성관계는 결혼한 부부끼리 하는 애정 행위입니다. 하지만 결혼하지 않은 연인 사이에서도 성관계를 시도하기도 합니다. 그런데 문제는 임신과 성병입니다. 성관계는 필연적으로 임신의 가능성을 가지고 있습니다. 그리고 에이즈, 매독 등 성병은 성관계를 통해서 전염되며 그 전염성도 매우 높은 편입니다. 그렇기 때문에 성관계는 반드시 책임감 있는 사이에서 서로의 동의하에 이루어져야만 합니다.

임신이나 성병 등 복잡하게 고려해야 할 것들이 있음에도 사람들은 왜 성관계를 할까요? 성관계는 가장 강력한 교감의 표현이기 때문입니다. 이러한 교감은 성감(성적인 만족감 혹은 성적인 쾌감)이라고 표현하기도 합니다. 아직 성감을 느껴보지 못한 청소년은 이 단어에 호기심을 느끼기도 합니다. 그런데 성감은 기대만큼 자극적이거나 미친 것처럼 좋은 느낌이 아닐 수두 있습니다. 개인마다 차이가 있기는 하지만, 첫 성관계 이후 느낌이 그리 좋지 못하거나 기대만큼은 아니라는 반응이 적지 않습니다.

그리고 성감을 오르가슴^{Orgasm}이라고 하며 마치 특별한 느낌으로 포장하는 경우도 있는데, 청소년기에 느낄 수 있는 오르가슴은 그 한계가 있어서 상상하는 만큼 좋은 느낌이 아닐 수 있습니다. 남성의 경우 자위를 통해서 사정과 동시에 쉽게 오르가슴을 느낄 수 있습니다. 처음 오르가슴을 느끼는 남성들은 성적인 쾌감보다 오히려 자괴감이나 죄책감을 더 많이 느낀다고 합니다. 그래서 이런 순간에 「현자타임이 왔다」는 표현을 쓰기도 합니다.

여성의 경우 오르가슴을 경험하기 쉽지 않습니다. 하지만 오르가슴과 비슷한 느낌을 경험해 볼 수는 있습니다. 소변을 최대한 참을 수 있을 때까지 참고 나서 화장실에서 용변을 보면 어떤가요? 묘한 쾌감 같은 것을 느낄 수 있을 것입니다. 인체생리학에서는 「배뇨의 쾌감」이라고 하는데, 이 느낌이 아마 여성이 느끼는 오르가슴과 매우 유사하다고 볼 수 있을 것입니다.

성관계는 크게 정크섹스$^{Junk\ Sex}$와 오가닉섹스$^{Organic\ Sex}$로 구분되기도 합니다. 정크섹스는 성적인 교감보다는 자신의 성적 욕구를 해소하려는 목적의 성관계입니다. 그래서 성관계가 거칠고 때로는 불쾌감이 동반되기도 합니다. 성매매나 일회성 만남에서 자주 행해지는 성관계 유형입니다. 정크섹스는 성병이나 성인성 질환의 위험이 크며, 성기에 상처가 날 확률이 매우 높으니 하지 않는 것이 안전합니다.

오가닉섹스는 성적인 교감을 목적으로 하는 성관계입니다. 몸으로 하는 대화의 일종으로 볼 수 있습니다. 그래서 사랑과 배려 그리고 서로 아껴주는 마음이 강한 사이에서만 이루어질 수 있는 성관계입니다. 오가닉섹스는 비교적 여유롭고 안전한 환경에서 이루어지는 스킨십이기에 서로의 만족감이 크다는 특징을 가지고 있습니다.

성관계를 통한 성감과 오르가슴은 성기가 완전하게 성장한 다음에 본격적으로 경험해 볼 수 있습니다. 사람의 성기와 생식기는 대략 20대 초반에 완성됩니다. 그런데 그 전에 무리하게 성관계나 자위를 하게 되면, 아직 미성숙하기 때문에 생식기에 문제가 발생하기 쉽습니다. 성감이 크지도 않고, 성병이나 성적인 문제까지 발생하기 쉬우니 청소년기의 성관계는 오히려 득보다 실이 많다고 할 수 있습니다.

성기를 이용한 스킨십이라는 점 때문에 사람에 따라서 성관계를 싫어하거나 거부하는 경우도 있습니다. 이런 상황이라면 당연히 상대방의 의사를 존중해서 성관계를 하면 안 됩니다. 「사랑한다면 성관계를 해야 한다」는 것은 일방적인 강요이며, 사귀는 사이라도 강제적인 성관계는 성범죄가 될 수 있다는 사실을 명심해야 합니다.

지금 당장 성욕을 해소하려고 남은 인생을 포기할 건가요? 앞으로 성인이 되면 더 많은 성관계의 기회가 있습니다. 더 큰 성적인 쾌락과 오르가슴을 위해서 청소년기의 성관계는 가급적 참고 기다리는 것을 권합니다.

임신하면 어떡하지?

성관계는 임신을 위한 과정 중 하나로 볼 수 있습니다. 성관계가 원인 행위라면, 임신은 결과행위입니다. 생물학적으로 성관계는 임신을 목적으로 하는 행위입니다. 그만큼 성관계와 임신을 떼려야 뗄 수 없는 관계입니다.

임신을 피하기 위해서 여러 가지 피임법이 알려져 있지만, 아무리 피임을 철저히 한다고 해도 임신의 가능성을 완벽히 제거할 수는 없습니다. 콘돔을 사용하고 피임약을 먹는다고 해도 임신을 완벽하게 차단하기 어렵습니다. 성관계는 출산을 위한 행

위라는 게 자연의 섭리여서 그런지도 모르겠습니다.

'성관계=사랑'이라고 주장하거나 '서로 사귀면 성관계를 해야 하는 거야'라는 말로 성관계를 이성교제의 방법으로 강요하는 사람이 있습니다. 성관계는 사랑이 아닙니다. 성관계는 남녀 모두에게 막중한 책임감을 요구합니다.

10개월간의 임신을 감당할 수 있는 책임감, 건강한 아기를 출산할 수 있는 책임감, 출산한 아이를 올바른 성인으로 키울 수 있는 책임감.

성관계는 이 모든 일을 책임질 수 있는 사이에서 이루어져야 합니다.

성에 대한 호기심에, 임신이 안 될 거라는 막연한 믿음에, 뒷일은 생각하지 않는 무책임한 태도로 하는 성관계는 범죄이자 괴롭힘일 뿐이라는 것을 알아야 합니다.

우리 연구소에서 청소년 남학생들을 대상으로 설문조사를 한 적이 있습니다. 성관계 후 여자 친구의 임신 사실을 알았을 때, 적지 않은 남학생들이 모른 척하거나 연락을 끊는다고 대답했습니다. 유전자 검사를 해보고 결정하겠다는 답변도 있었습니다. 임신을 책임질 수 없다는 뜻입니다. 반면 일부의 남학생만 「책임지고 키우겠다」, 「결혼하겠다」라고 답했습니다. 청소년 남학생 중에서 상당수가 책임감 없이 성관계를 했다고 볼 수 있습니다. 이런 성관계에서 배려나 사랑을 찾아 볼 수 있을까요? 아마 단순히 자신의 성적 만족을 느끼려는 행위였을 것입니다.

서로 동의하에 성관계를 결심한다면, 피임을 철저하게 해야 합니다. 남성은 항상 콘돔을 준비하고, 여성은 경구 피임약을 먹어야 합니다. 남성의 피임법인 콘돔은 그냥 편의점이나 마트에서 구입하면 끝입니다. 그런데 여성의 피임법인 먹는 피임약은 30일간 매일 규칙적으로 약을 복용해서 호르몬을 관리하는 방법입니다. 하루 만에 바로 피임되는 것이 아니라는 것을 알아야 합니다(3장 끝부분에 있는 피임법을 참고하세요).

콘돔만 사 와서 성관계를 재촉하는 남성은 여성에 대한 이해와 배려가 없는 사람입니다. 여성이 성관계에 접근할 수 있는 충분한 시간적인 여유와 마음가짐을 가질 수 있도록 남성이 양보하고 이해해야 아름다운 성관계가 가능합니다.

스킨십도 감정이 중요하다

인터넷을 통해 포르노나 야동을 접하는 것은 어렵지 않습니다. 조금만 인터넷을 검색해도 수많은 영상이나 음란 사이트를 찾아볼 수 있습니다. 한창 성적인 호기심이 왕성한 상태라면 적지 않은 음란물을 보면서 성을 접했을 것입니다. 아마 대부분의 성인들도 성에 대한 정보를 음란물이나 포르노에서 얻었을 겁니다. 그래서 대부분 성인들의 성관계 스타일이나 체위가 크게 다르지 않습니다. 본능적으로 단순하게 움직이거나 음란물에서 하는 대로 따라 하려고 하기 때문입니다.

우리가 인터넷이나 온라인을 통해서 보는 음란물이나 성인물의 경우 대부분 정크섹스를 보여주는 것이 많습니다. 그렇기 때문에 실제 성관계에서 음란물에 나오는 체위나 행동을 하면 오히려 상대방에게 불쾌감을 줄 수 있습니다. 특히 성기는 세균이나 바이러스에 매우 취약합니다. 미성숙한 청소년의 경우는 성기가 더 연약하고 민감합니다. 그렇기 때문에 성관계는 가장 안전한 곳에서 깨끗하고 청결한 상태로 해야 합니다.

음란물에서 본 체위로 그대로 따라 한다면 몇 가지 문제를 맞이하게 됩니다. 먼저 남성 입장에서 체력 소모가 굉장히 큽니다. 포르노에 등장하는 체위는 대부분 시각적인 자극을 주는 것이 많습니다. 그래서 아크로바틱acrobatic하고 기이한 몸동작으로 성관계를 하는 장면이 자주 등장합니다. 그리고 이런 체위는 생각보다 성감이 좋지도 않습니다. 음란물에 등장하는 체위는 시각적으로는 큰 만족감을 줄지 모르지만, 성감은 좋지 않은 경우가 대부분입니다. 성감이 좋지 않으면 남성은 본능적으로 더욱 과격한 체위에 집착하게 됩니다. 그러다 보면 자신의 성기에 상처를 입거나 상대방의 몸에 해를 가할 수도 있습니다.

음란물에 등장하는 특이한 체위는 여성의 입장에서도 큰 성감을 느낄 수 없습니다. 여성이 만족스러운 성감을 느끼기 위해서는 섬세한 자극이 중요합니다. 단순히 성감대를 자극하는 것으로는 한계가 있습니다. 그리고 기이한 체위는 오히려 성관계에 민망함을 더하기도 합니다. 무엇보다 성관계를 하고 나서 오히려 마음이 더 불편해질 수 있습니다.

여성이 만족할 수 있는 성관계를 하기 위해서는 여성의 섬세한 감정을 이해하고 배려해주는 자세가 필요합니다. 스킨십에 있어서도 감정이 중요하다는 뜻입니다. 관계형 성향을 지닌 여성은 심리적으로 「No!」라고 직접적으로 거절하기 어렵습니다. 그래서 다른 방법으로 거절의 신호를 보내지만 목표형 성향의 남성은 쉽게 알아채지 못하게 마련입니다. 이런 여성의 섬세한 보디랭귀지body language에 관심을 갖고 있어야 좋은 관계를 지속할 수 있습니다.

사랑스러운 성관계가 되려면 대화와 스토리에 관심을 가져야 합니다. 다짜고짜 옷 벗고 성관계를 시작하는 포르노보다, 감미로운 내화와 분위기가 있는 로맨스가 필요합니다. 남성은 시각

111

적인 자극에 민감한 반면 여성은 청각적인 자극에 민감합니다. 그래서 감미로운 이야기로 여성이 성적인 상상력을 마음껏 발휘할 수 있는 기회를 주는 것이 필요합니다.

이성교제를 하고 손을 잡거나 키스를 하면서 점차 깊은 스킨십으로 진행해 갑니다. 그런데 청소년의 입장에서 막상 성적인 행동이나 성관계를 하기에는 뭔가 심리적인 부담감이 있습니다.

'아직 청소년인데 해도 되나?'

'왜 청소년은 성관계를 못 하게 하는 거지?'

이런 마음이 은연중에 머릿속을 맴돌 것입니다. 그래서 가끔 성적인 행동을 해본 경험이 있는 친구들이 무엇인가 어른 같아 보이고 성숙해 보이기도 합니다. 왜 어른들은 성관계를 하면서, 청소년들은 성관계를 못 하게 하는 걸까요?

이 그래프는 사람이 태어나면서 신체적으로 겪는 변화를 나타낸 것이라 할 수 있습니다. 사람이 태어나서 가장 먼저 발달하는 신체 기관이 있습니다. 바로 「신경계」입니다.

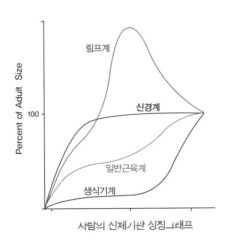

사람의 신체기관 성장 그래프

113

신경계는 생후 24개월 정도만 지나도 거의 성인 수준에 도달할 정도로 성장합니다. 신경계는 그만큼 우리 몸을 보호하는 데 중요한 역할을 하기 때문에 태어나자마자 급성장하게 되는 것입니다.

그 다음 성장하는 것이 「림프계」입니다. 림프는 쉽게 설명하면 우리 몸을 지키는 경찰과 같은 일을 합니다. 나쁜 세균이나 바이러스로부터 우리 몸을 지켜주는 역할입니다. 림프는 5세에는 성인 수준, 10세가 되면 놀랍게도 성인의 2배까지 성장합니다. 림프가 이렇게까지 폭증하는 이유는 성장하는 과정에서 외부 질병으로부터 신체를 적극적으로 보호하기 위해서입니다.

세 번째로 성장하는 것은 「일반근육계」입니다. 우리의 키와 몸무게라고 생각하면 됩니다. 그리고 마지막으로 성장하는 것이 「생식기계」입니다. 생식기 전반에 걸친 우리 몸은 대략 15세 전후에 성장을 시작해서 약 20세 초반쯤 완성이 됩니다. 우리 몸에서 가장 늦게 성장하는 기관이죠.

생식기계가 완성되지 않았다는 것은 생식기 조직이 미완성 상태라는 의미입니다. 미성숙한 생식기는 질병에 자주 걸릴 수 있는 상태에 놓이게 됩니다. 그래서 청소년기에 무리하게 성관계를 하면 생식기가 성장을 멈추거나, 성병 혹은 성인성 질환에 자주 걸리게 됩니다. 더구나 성병은 생각보다 치료가 쉽지 않습니다. 치료를 받더라도 증상만 잠시 완화될 뿐, 면역력이 약화되면 다시 발병하는 경우도 흔합니다. 그렇기 때문에 우리나라뿐만 아니라 다른 나라에서도 미성숙한 어린이, 청소년은 성관계를 하지 못하도록 교육하는 것입니다.

• 피임은 딱 이렇게 하자 •

서로 성관계를 갖기로 했다면 꼭 필요한 절차가 있습니다. 바로 피임입니다. 피임은 임신을 피하는 행동입니다. 더구나 피임으로 성병이나 성인성 질환도 어느 정도 예방하는 효과가 있으니 성관계에 반드시 필요한 절차라고 할 수 있습니다. 피임은 콘돔이나 피임약 같은 여러 가지 방법을 복합적으로 사용하는 것을 권장합니다. 한 겹의 방패보다, 여러 겹의 방패가 더욱 안전하겠죠?

피임은 남성의 역할과 여성의 역할이 각각 정해져 있습니다. 남성의 경우 콘돔을 사용해야 합니다. 콘돔은 청소년이라 하더라도 편의점이나 마트에서 손쉽게 구입할 수 있습니다. 단, 돌기형이나 특수형 같은 콘돔은 성인만 구입 가능합니다. 그렇다고 특수형 콘돔에 호기심을 가질 필요는 없습니다. 일반형과 특수형은 기능, 효과, 느낌, 감촉 모두 비슷합니다. 그냥 콘돔 판매회사의 상술이라고 생각해도 무방합니다.

콘돔을 준비했다면 성관계를 하기 전에 발기된 음경에 스스로 콘돔을 씌우면 됩니다. 구체적인 방법은 콘돔 케이스에 그림으로 잘 그려져 있을 것입니다. 중요한 것은 삽입 전에 꼭 콘돔을 착용하는 것입니다. 가끔 콘돔 없이 그냥 삽입하고, 사정하기 전에만 콘돔을 사용하는 사람도 있습니다. 이런 경우는 콘돔을 사용하지 않는 것과 같습니다. 정자는 정액에만 존재하는 것이 아니기 때문입니다. 성관계 전에도 자연스레 정액이 배출될 수 있습니다. 그리고 콘돔을 제거하는 과정에서 콘돔에 모인 정액이 여성의 몸속으로 다시 들어가기 쉬우니 조심해야 합니다.

여성의 경우 사전에 먹는 피임약을 준비합니다. 먹는 피임약은 「경구피임약經口避妊藥」이라고도 하며, 한 상자에 21개 혹은 28개의 알약이 들어 있습니다. 경구피임약은 여성호르몬이라고 생각하면 이해하기 쉽습니다. 에스트로겐과 프로게스테론이 들어 있어 여성의 몸에 흐르는 호르몬 주기를 변화시킵니다. 그래서 정자의 침입이나 자궁에 수정란이 착상되는 것을 막아줍니다. 피임의 효과를 보려면 생리 시작일로부터 매일 하루에 한 알씩 먹어야 합니다. 매일 약을 먹어야 하는 것이 귀찮은 일이지만, 비교적 효과적인 피임법입니다.

단, 피임약은 단점이 있습니다. 부작용으로 피가 끈적끈적해지기도 하고, 호르몬의 교란으로 두통이나 속이 메스꺼운 경우도 있습니다. 경우에 따라서 심한 부작용이 있을 수 있으니, 이런 경우 즉시 병원을 방문해야 합니다. 그리고 피임약만으로는 성병을 막는 효과도 없습니다.

그래서 남성은 콘돔을 여성은 경구피임약을 준비해서 각자 자신의 몸을 챙기는 자세가 필요합니다. 그런데 이 정도의 피임도 귀찮다고 하는 사람이 있습니다. 그렇다면 성관계를 할 최소한의 자격도 없고 책임감도 없는 사람이 아닐까요?

제4장
만남이 있으면
헤어짐이 있다

먹구름과 마주치다

오늘도 사랑하는 사람과 함께 있습니다.

그런데 뭔가 느낌이 다릅니다.

그 아이의 표정이 어둡습니다.

무슨 일이냐고 물어봐도 대답하지 않습니다.

그 아이의 기분을 바꾸려고 아무리 노력해도 도무지 변하지 않습니다.

오히려 분위기만 더 서먹해집니다.

걱정이 어느 순간 짜증으로 변합니다.

왜 이렇게 속 마치게 하는지 답답하기만 합니다.

"우리 그만 만날까?"

쿵…!

이 말 한마디에 가슴이 철렁 내려앉습니다.

그 아이의 마음을 조금은 눈치를 채고 있었지만, 이렇게 빨리 이별을 이야기한다는 게 믿기지 않습니다.

'우리 사랑하는 사이였는데.'

'내일 같이 놀러 가자고 했는데.'

수많은 생각이 머릿속을 지나갑니다.

'뭐지?'

'왜지?'

'어떻게 해야 하지?'

아직 어떤 대답도 하지 않았는데, 그 아이는 이미 마음을 접은 것 같습니다.

화를 내야 하는지?

울면서 붙잡고 매달려야 하는지?

마음을 되돌리려면 어떤 말을 해야 하는지?

사랑하는 것보다 더 어려운 게 이별인가 봅니다.

그 사람이 마음에서 멀어지는 만큼 이별이 성큼성큼 다가오는

것 같습니다.

그래서 어쩌라고?

사람은 누구나 「마음의 그릇」이 있습니다. 마음의 그릇은 자신의 생각이나 감정을 담아 놓는 그릇입니다. 필요에 따라서 이 그릇에 많은 것들이 쌓이기도 하고, 또 어떤 경우에는 비워지기도 합니다. 생각할 것이 많아지거나 스트레스를 많이 받으면 그릇이 꽉 차 있다는 것이죠. 반면, 명상이나 심호흡을 하고 여행을 다니면서 마음이 깨끗해진다는 것은 그릇이 비워지는 것입니다.

마음의 그릇은 성장하면서 다양한 환경의 영향을 받습니다. 그래서 사람마다 그릇의 크기가 달라지는 것이지요. 부모님으로부터 충분한 사랑과 관심을 받고 자랐다면 크고 단단한 마음의 그 릇이 만들어집니다. 만약 그렇지 못했다면 작고 약한 마음의 그 릇이 만들어질 수밖에 없을 것입니다. 「마음이 넓다」, 「스케일이 크다」와 같은 말들은 바로 마음의 그릇을 가리키는 말이기도 합 니다.

이성교제를 하게 되면 사귀는 사람과 서로 마음의 그릇을 공유 하게 됩니다. 감정, 느낌, 생각 등 마음의 그릇을 공유하는 것을 「교감」이라고 합니다. 마음의 그릇이 크면 교감이 잘 되고 또 서 로 긍정적인 에너지를 주고받게 됩니다. 반대로 마음의 그릇이 작으면 교감이 어렵고 부정적인 에너지의 영향을 받습니다. 특 히 마음의 그릇이 작은 사람들이 자주 하는 말이 있습니다.

"그래서 어쩌라고?!"

신경질적인 표정과 말투로 내뱉는 이 말 한마디로 그 사람의 심성 그리고 마음의 그릇을 순식간에 파악할 수 있습니다. 연애 의 기본은 사랑이라는 감정을 교감하는 것입니다. 그렇게 되기 위해서는 서로 배려하고 이해하는 마음가짐이 필수입니다. 결국 마음의 크기가 클수록 안정적이고 편안한 사랑이 가능하다는 이 야기입니다.

작은 마음의 그릇을 가진 사람을 표현하는 말이 있습니다.

'쩨쩨하다.'

'치사하다.'

'이기적이다.'

'자기중심적이다.'

이성교제를 하지만 괴롭고 짜증나고 힘들다면, 혹시 그 사람이 가지고 있는 마음의 그릇이 너무 작아서 그런 것은 아닌지 생각해 봐야 합니다.

그땐 왜 안 보였지?
그땐 왜 몰랐지?

처음 이성교제를 시작하면 그 아이의 모든 것이 다 좋아 보일 수 있습니다. 그 아이의 좋은 면만 보이기 때문에, 모든 말과 행동 역시 하염없이 사랑스럽게 보입니다. 누군가를 사랑하면 눈에 콩깍지가 씐다고 합니다. 이성교제를 처음 시작할 때에는 이 말이 도무지 이해가 되지 않을 수 있습니다. 그런데 어느 순간부터 그 아이의 단점이 점차 많이 눈에 띄기 시작할 것입니다. 전에는 보이지 않았는데 왜 이제야 보이는 걸까요?

점점 그 아이의 단점이 더 많이 보이기 시작했습니다

음식을 먹을 때 쩝쩝 소리를 내는 모습.

함께 있을 때 시도 때도 없이 하는 트림.

혼자 신나서 애정 표현이라며 뿡뿡 뀌어대는 방귀.

무식한 것을 자랑 삼아 떠들고 다니는 모습.

걷는 속도조차 못 맞추고 먼저 가버리는 행동.

생활 속에도 알게 모르게 발견하는 그 아이의 단점이 눈덩이처럼 불어납니다.

연애에 대한 조급함이 때론 사람의 눈을 멀게 합니다.

빨리 사랑을 느끼고 싶어서, 지금 나의 외로움을 빨리 잊고 싶어서, 조급하게 이성교제를 시작한다면 그 만남을 머지않아 후회하게 됩니다.

이성교제를 시작하고 시간이 흘러 서로 더 친밀한 감정의 교류를 할 때, 좋은 모습만 보게 했던 콩깍지가 사라져 버리는 경우도 생깁니다. 교감에는 서로에 대한 이해와 배려 그리고 공감이 필요합니다.

생각만 해도 짜증나는 상대방의 행동은 대부분 이해나 배려와는 거리가 먼 것들이죠. 교감을 시도하다가 이 아이와는 좋은 사랑을 지속하기 어려운 것을 본능적으로 알게 됩니다. 사람을 사귈 때는 매사 조심하고 주의 깊게 살펴본 후 사귀라는 옛 어른들의 말씀에 이유가 있었던 것입니다.

어느 날 시간이 멈췄다

어느 날 마음의 시간이 멈췄습니다.

영원할 것만 같았던 사랑의 감정이 차갑게 식어버렸습니다.

결국, 이별을 결정하고 말았습니다.

"헤어지자, 우리…."

그 사람은 사귀는 동안 나에게 이해해 달라는 이야기를 많이

했습니다.

"이번 한 번만 이해해줘. 다음부터는 안 그럴게. 제발!"

한 번, 두 번…, 이해해 달라는 이야기만 반복했습니다.

두 번 다시 안 하겠다던 행동도 어느 순간부터 다시 습관처럼 반복합니다.

"앞으로는 욕 안 하겠다."

"앞으로는 담배 안 피우겠다."

"앞으로는 거짓말 안 하겠다."

모두 말뿐이었습니다.

자기 스스로 한 약속을 모두 자기 스스로 어기고 있습니다.

'역시 사람의 성격은 쉽게 변하지 않는 것 같네요.'

그래도 그 아이를 위해서 양보하고 배려하고 또 기다려주었는데, 그 아이는 나에게 커다란 실망감과 배신감만 남겨주네요.

이해를 반복하면 억지가 됩니다. 억지는 곧 포기가 됩니다. 어느 순간 그 아이와의 사랑을 포기하기에 이릅니다. 이제 그 아이를 생각하는 내 마음이 차갑게 식어버렸습니다.

네가 떠나던 날, 나는···

머릿속이 텅 비어버렸습니다.

헤어지자는 이야기에 나도 모르게 눈물이 났습니다.

내가 무슨 말을 해야 할지? 어떻게 해야 할지 모르겠습니다.

그렇게 그 아이는 가버렸습니다.

이별 후 가장 괴로운 이유는 상실감 때문입니다.

내 소중했던 무엇인가를 잃어버린 듯한 느낌.

이 느낌이 참 괴롭습니다.

항상 내 사람인 줄 알았는데.

항상 내 편인 줄 알았는데.

헤어지자는 말 한마디에 남이 되어버립니다.

아무리 생각해도 이건 아닌 것 같습니다.

그 사람이 실수한 거라 생각하고 싶습니다.

내가 잘못 들은 거라고 생각합니다.

그래서 그 사람에게 다시 연락해 봤습니다.

전화를 받지 않습니다.

계속 전화해도 다시는 연락하지 말라는 문자만 보냅니다.

그 아이는 이미 나를 정리한 것 같네요.

아니, 어쩌면 예전부터 그 아이 혼자 이별을 준비했는지도 모르겠습니다.

아니면 다른 사람과 사귀는 것인지도 모릅니다.

이제는 화가 납니다.

내가 겨우 이런 사람하고 사귀었다니!

내 스스로에게도 화가 나서 참을 수가 없습니다.

그래도 그 아이와 지냈던 시간이 좋았다고 애써 추억으로 담아

보려고 합니다. 왜냐하면, 그동안 그 아이에게 기울였던 내 시간과 노력이 너무 아깝기 때문입니다. 그래도 몇몇 좋았던 기억이 떠오르기도 합니다.

하지만, 이미 끝난 인연인 것을….

무엇이 잘못되어서 우리가 이별하게 된 것일까요? 내가 뭔가 하염없이 그 아이에게 잘못한 것 같은 느낌에 죄책감도 듭니다. 그래서 점점 무기력해지는 내 자신을 보게 됩니다.

결국, 이별을 받아들일 수밖에 없다는 것을 인정하고 맙니다.

우리는 인연이 아니었다고.

어울리지 않는 사람이었다는 것을 뒤늦게 알게 됩니다.

무엇인가 뜻하는 게 있어서 그럴 거라고, 이건 운명이라고 생각합니다.

한결 마음이 가벼워집니다.

왜 사랑은 같이 하고,
이별은 혼자 하지?

사랑은 같이 하지만, 이별은 왜 나 혼자 하는 것 같을까요?

나 혼자만 아파하는 것 같은 느낌입니다.

이별을 이야기할 때 항상 「누가 차였는지?」, 「누가 먼저 헤어지

자고 이야기를 꺼냈는지?」를 중요하게 생각하는 사람이 있습니

다. 그래서 누가 차고, 누가 차이고 하는 것에 민감하게 반응하

기도 합니다.

　그런데 어떤가요?

　먼저 헤어지자고 이야기하고, 그 사람을 차버리면 기분이 좀

나은가요?

그렇게 이야기해야 마음이 아프지 않고 자존심도 상하지 않은 가요?

잘 생각해보세요. 차고, 차이고 하는 것 때문에 기분이 덜 나쁘거나 더 나쁘지 않습니다.

이별은 항상 마음의 무거운 짐이기도 하고, 책임과 부담이 따르는 것입니다. 그래서 가급적이면 자신의 잘못이 아니라고 여기면서 본인의 마음이 덜 다쳤으면 좋겠다고 생각합니다. 이별을 하면서도 마음이 아프지 않고, 가슴 속에 상처도 남지 않기를 바랍니다. 그래서 이별을 마주하게 되면 자꾸 남 탓을 하는지도 모르겠습니다.

그런데, 이별에는 가해자가 없습니다.

이별을 하면 누구나 가슴이 아픕니다.

또 이별에는 잘잘못이 없습니다.

왜냐하면 너도 나도 사랑에 아파하는 사람들일 뿐이니까요.

사랑을 한다는 것은 서로의 마음을 맞추어가는 행동이지요. 하지만 반대로 이별을 한다는 것은 자신의 모습을 각자 찾아가는 것입니다. 그래서 이별은 외롭고, 고독한 것이 당연합니다.

　간혹, 이별의 고통이 두려워서 헤어짐을 망설이는 사람이 있습니다. 사랑은 달콤하니까요. 하지만, 사랑은 내가 아닌 다른 사람과 공유하는 감정이기도 합니다. 서로의 모습에 실망했다면, 상대방 때문에 내 마음에 상처를 받았다면, 연애가 오히려 지독하게 쓰게 느껴질 때도 있습니다. 그렇다면, 헤어짐을 준비하고 내 모습을 찾아가려는 용기가 필요합니다.

계속 연락하고 싶어

헤어지고 나서 가장 힘든 것은 아마도 연락하고 싶은 마음일 것입니다.

미련이 남아서, 혹은 공허함이 남아서 그런 것일 수도 있습니다.

이성교제 하면서 나도 모르게 습관처럼 굳어지는 것들이 몇 가지 있습니다.

날마다 전화 통화를 하는 것.

수시로 문자나 메시지를 주고받는 것.

같이 영화를 보는 것.

식당에서 커플세트를 주문하는 것.

무엇인가 같이 하려고 했던 행동들입니다.

이별 이후에도 내 몸에 남아 있는 이런 습관들이 내 마음을 더 슬프게 만들기도 합니다.

이런 행동은 심리적인 관성 때문에 발생합니다(6장 내 의지가 나약한 게 아니었어! '심리적 관성' 부분을 참고하세요).

특히 심리적인 관성은 습관과 매우 밀접한 관련이 있습니다. 그래서 나도 모르게 연애하던 중에 심리적인 관성이 습득된 것이고, 이 관성이 이별 후에도 계속 내 마음속에 남아 있게 되는 것입니다.

이별 후에도 다시 연락하고 싶은 심리는 이런 관성 때문입니다. 내가 그 사람을 여전히 사랑하거나 호감의 감정이 남아 있는 경우도 있지만, 심리적인 관성으로 익숙해져 있던 모습으로 되돌아가려는 것일 수도 있습니다.

그런데 관성 때문에 착각을 하기도 합니다.

'연락하면 다시 받아주겠지?'

'연락하면 다시 잘될 수 있지 않을까?'

'연락해서 한번 만나 볼까?'

이런 생각은 어쩌면 내 심리적 관성이 만들어낸 착각일 수도 있습니다.

이별 후 공허함을 달래는 방법은 새로운 관성을 만들어내는 것

입니다. 관성이라는 특성상 하루아침에 변화하지는 않습니다. 관성을 변화시키는 최고의 방법은 작은 변화를 끊임없이 만들어내는 것입니다.

외롭다는 이유로 헤어진 사람에게 다시 연락하고 싶은 마음이 생긴다면 내 심리적인 관성을 다시 리셋하는 것이 필요합니다. 관심을 다른 곳으로 돌려주고 새로운 관성을 만들어보려고 노력해보세요.

하루 10분의 산책.

잠깐의 독서.

좋아하는 노래 한 곡 감상.

점차 내 심리적 관성이 변화될 것입니다.

그 사람을 놓아주자

　사람은 누구나 사랑을 통해서 성장하고, 이별을 통해서 성숙합니다.

　지금 누군가를 사귀고 있는데 이별이라는 단어가 계속 내 머릿속에 맴돌고 있지는 않나요? 그렇다면 그 사람은 나와 맞지 않다는 것을 스스로 인식하고 있는 것입니다. 사람의 인격을 좋다, 나쁘다 평가할 수는 없습니다. 하지만 사랑에 있어서 일반적으로 좋은 사람과 나쁜 사람은 구분할 수 있습니다.

　이성교제에 있어서 나쁜 사람은 성격적으로 결함이 있거나, 못된 습관을 가지고 있는 사람일 것입니다. 비뚤어진 성격을 가지고 있어서 매사 부정적인 생각과 비관을 하는 사람이라면, 그 누구도 함께 어울리지 못할 것입니다. 그리고 욕설이나 폭력적인 행동, 도박이나 약물에 의존적인 사람도 믿고 거르는 대상이 됩니다. 소위 말하는「관종 짓」을 하는 사람도 마찬가지죠.

반면, 연애 상대로 좋은 사람은 이런 사람입니다.

무엇인가 내가 존경할 만한 부분이 있는 사람.

그리고 항상 나를 배려해주고 아껴주는 게 몸에 밴 사람.

자신의 실수나 잘못을 솔직히 인정하고 다시는 반복하지 않는 사람.

나를 위해서 본인의 손해를 기꺼이 감수하는 사람.

내가 더 좋은 사람이 될 수 있도록 도움을 주는 사람.

이성 관계에서 나쁜 사람과 좋은 사람의 구분은 명확합니다.

자신의 만족을 위해 이기적으로 행동한다면 나쁜 사람.

자신의 손해를 감수하고 나를 배려해 주는 행동을 한다면 좋은 사람.

나쁜 사람과의 이성교제로 마음의 상처를 받고 헤어졌다면, 이제 좋은 사람과 만날 준비를 해보세요. 이별은 새로운 만남의 또 다른 이름이니까요. 조금 더 성숙한 마음을 가지고 좋은 이성이 다가올 수 있도록, 자신을 업그레이드 하려는 시도가 필요합니다.

그리고 스스로 더 좋은 사람이 되려고 노력해보세요. 헤어졌다면, 미련을 버리고 내 마음을 새롭게 시작해야 합니다. 나를 진심으로 사랑해주는 더 좋은 사람이 포근하게 머물 수 있는 내 마음 속 자리를 마련하세요.

지나간 사람을 붙잡는다고 그 사람의 마음이 돌아서는 것도 아니고, 실망했던 마음이 변하는 것도 아닙니다. 다시 만나면 또다시 같은 실망을 반복하게 마련입니다.

'시간이 지나면 바뀌겠지?'

'내가 더 잘하면 내 마음을 알아주겠지?'

'다시 기회를 주면 더 잘하겠지?'

모두 부질없는 생각입니다. 나의 이러한 호의와 행동들을 당연하게 생각해서, 나를 더 비참하게 만들 수도 있기 때문입니다. 사람은 고쳐 쓰는 게 아니라는 격언을 되새겨보세요.

외로움으로 시작한 사랑은 슬프게 끝난다

외로움 때문에 사랑을 하는 사람이 있습니다. 혼자 있으면 외로우니깐, 항상 옆에 사람을 두고 싶어서 이성교제를 하는 사람. 외로움을 정말 끔찍하게 싫어하는 사람입니다. 그런데 이렇게 외로움을 달래려고 하는 연애는 대부분 비극sad ending으로 마무리됩니다. 왜냐하면 연애는 사랑의 감정을 공유하고 교감하는 것이기 때문이죠.

외로움은 강력한 인간의 감정입니다. 외로움에 대적할 수 있는 감정을 찾기란 쉽지 않습니다. 심지어 사랑으로도 외로움을 달

145

랠 수는 없습니다. 외로움 때문에 시작한 사랑은 오히려 집착만 낳을 뿐이죠.

  사랑하는 사람이 생기면 더 이상 외롭지 않을 것이라고 막연하게 생각하는 사람이 있습니다. 그래서 이성교제를 시작합니다. 그런데 외로움이 없어지지 않습니다. 상대방에게 더 깊은 관심과 사랑을 요구합니다. 그래도 자신의 외로움이 없어지지 않습니다.

  상대방에게 실망하거나, 화를 내기도 합니다.
  둘 사이의 관계가 틀어집니다.
  호감은 어느새 불만으로 바뀝니다.
  이별을 결심하고 또 다른 사람을 찾습니다.
  이번엔 더 큰 사랑과 관심을 줄 수 있는 사람을 원합니다.
  하지만 또 똑같은 일이 운명의 수레바퀴처럼 반복되기만 할 뿐, 자신의 외로움은 도무지 사라지지 않습니다. 아니, 오히려 이성교제를 할수록 외로움만 더욱 커지는 것 같습니다. 외로움이란 그 무엇으로도 절대 사라지지 않습니다.

혼자 있어도 외롭지 않는 사람이 되어야 건강한 이성교제를 할 수 있습니다. 그래야 집착하지 않고 마음의 여유를 가질 수 있기 때문입니다. 마음의 여유가 있어야 이성교제 할 때 배려를 실천할 수 있습니다. 건강한 이성교제는 생활 속에 행복을 가져옵니다. 이때 느끼는 행복이 외로움을 다스릴 수 있는 유일한 감정입니다.

아파야 진짜 사랑?

어떤 사람은 사랑을 하면 마음이 아프다고 합니다. 그런데 노래 가사처럼 마음이 너무 아픈 사랑은 사랑이 아닐지도 모릅니다. 사랑을 처음 느껴봤을 때의 기억, 어땠나요? 사랑은 기쁘고 설레고 행복한 것입니다. 인간은 본능적으로 행복과 기쁨을 찾고자 사랑에 다가섭니다.

이성교제를 경험하면서 스스로를 비련의 주인공이라고 생각하는 사람이 있습니다.

'아! 나는 비련의 주인공이야. 그래서 나한테는 슬픈 일이 자주

생겨.'

'내 마음이 괴로워야 할 것만 같아. 왜냐하면 나는 슬픈 영화의 주인공이거든.'

'그 사람이 나를 함부로 해도 난 다 받아들여야만 해. 그게 내 숙명이거든.'

영화나 드라마 혹은 문학 작품 등에 나타난 연애에 너무 감정이입이 되었기 때문일지도 모릅니다. 행복한 연애를 다룬 문학 작품을 찾는 것은 생각보다 어렵습니다.

'사랑은 눈물의 씨앗이다.'

'가슴이 아파야 진짜 사랑이다.'

이런 말들이 사랑에 대한 과거의 사회적인 인식을 보여주는 대표적인 표현입니다.

요즘에도 고전적인 입장에서 사랑을 받아들이려는 사람들이 적지 않은 것 같습니다. 그래서 상대방이 험한 말을 하거나 인격을 무시하는 행동을 해도 참고 넘어가려고 합니다. 폭행을 당하거나, 일방적으로 성관계를 강요당해도 어쩔 수 없이 참고 받아들이려는 것이지요.

왜냐하면 '그래야만 할 것 같아서…'.

자신이 괴로움을 잘 참고 넘기면, 행복한 연애가 찾아올 것 같은 생각. 이만한 조건의 사람을 만나기도 힘든데, 내가 조금만 참고 버티면 연애를 지속할 수 있을 것이라는 생각.

이런 상념은 스스로 마음을 괴롭힐 뿐입니다. 사귀는 사이에서 감정은 서로 「교류」해야 합니다. 그래야 서로 배려하고 이해하고 기쁨을 나눌 수 있습니다.

힘들어하는 그대에게

마음속에 폭풍이 몰아칩니다.

밤만 되면 더욱 거센 바람으로 다가옵니다.

눈물 가득한 어두운 폭풍은 며칠간 내 마음을 세차게 흔들었습니다.

친구를 만나 봐도, 재미있는 영화를 보아도, 도무지 마음이 진정되지 않았습니다.

얼마 전 이별을 겪은 친구와 전화 통화를 해봅니다.

조금, 아주 조금 슬픔이 바람이 약해지는 것을 느낍니다.

점점 마음이 안정을 찾아가게 됩니다.

하지만 여전히 이별의 폭풍이 내 안에 있습니다.

어떻게 하면 다시 내 마음을 되찾을 수 있을까요?

이별의 원인이 무엇이었는지, 누구의 잘못 때문인지, 누가 차였는지는 중요하지 않습니다. 왜냐하면 모두 사랑 때문에 상처를 받기 때문입니다. 중요한 건 지금 이 괴로운 마음에서 빨리 벗어나는 것입니다.

사람에게 받은 마음의 고통은 사람으로 잊는 것이 좋다고 합니다. 헤어지자마자 다른 사람을 사귀라는 뜻은 아닙니다. 평소 이성교제 때문에 소홀했던 친구를 만나고, 새로운 사람과 색다른 관계를 만들어 보라는 뜻입니다. 공원, 학원, 서점을 둘러보거나 온라인 이벤트에 참가해 보세요. 우리 주변에는 새로운 사람을 만날 수 있는 기회가 생각보다 많이 있습니다.

그런데 이런 기회를 잡기 위해서는 용기와 도전이 필요합니다. 새로운 사람을 만나면 더 좋은 사람과 인연을 맺을 수 있는 기회를 발견할 수 있습니다. 뿐만 아니라 사람들과의 대화나 활동을 통해서 마음이 어느 정도 진정되기도 합니다.

집 밖으로 나갈 기운조차 없다면, 이별 노래나 아주 슬픈 영화를 보세요. 아무 생각도 하기 싫다면 그저 멍 때리면서 가만히 누워 있어도 됩니다. 입맛이 없다면 하루이틀 정도는 굶어도 괜찮습니다.

때로는 이렇게 지친 마음을 그대로 놓아둘 필요도 있습니다. 그러면 마음은 어느새 점점 기운을 차리고 스스로를 돌보려는 힘이 싹트게 됩니다. 금세 괴로웠던 자신의 마음을 어느 정도 추스를 수 있는 에너지가 생깁니다.

첫 사랑의 기억이 강렬한 만큼, 첫 이별 역시 뼈저리게 아프게 마련입니다. 숨도 잘 쉬어지지 않을 정도로 고통스러운 이별의 경험 때문인지, 이별이 두려워 헤어지지 못하는 사람도 있습니다. 하지만, 만약 상대방이 인격적으로 혹은 성격적으로 나와 맞지 않는다면, 이별의 아픔을 각오하고서라도 헤어져야 하겠죠.

만약 이와 같은 이유로 헤어졌다면, 현명한 결정을 했다고 볼

수 있습니다. 어렵지만 정말 현명한 결정을 한 거예요. 지금 이
슬픔이 자신을 더 강하고 현명하게 한 단계 업그레이드시켜줄
것입니다. 조금만 더 마음을 잘 다독여준다면 분명히 더 좋은 사
람을 만날 거예요.

● 이별을 극복하는 방법 ●

이별을 경험한다는 건 참 마음 아픈 일입니다. 여러 번 연애의 경험이 있다고 해도 이별은 익숙해지는 것이 아닌 것 같습니다. 마음을 나누던 사람이 사라진다는 것, 의지하고 있었던 누군가가 갑자기 멀어진다는 것을 받아들이는 일은 항상 힘듭니다.

그래도 이별의 순간이 되었다면, 이별을 받아들이고 이 상황을 극복하려는 의지가 필요합니다. 헤어지는 게 싫다는 이유만으로, 외로움을 참기 힘들어서 연애 같지도 않은 연애를 이어가는 것은 어리석은 일이니까요.

이별을 극복하기 위해서는 시간을 잘 관리해야 합니다.

이성교제 하는 동안 대부분의 시간은 사귀는 사람과 함께 보냈을 겁니다. 그래서 이별 후 가장 힘들어하는 것이 바로 시간입니다. 이성과 함께 보냈던 시간들, 이 시간의 공허함이 이별 후 마음을 힘들게 하는 가장 큰 원인입니다. 그래서 비어 있는 시간을 최소한으로 줄이려는 노력이 필요합니다. 그래서 이별 후 일부러 바쁘게 살려고 하는 것은 스스로 마음을 돌보려는 무의시적인 행동입니다. 단, 너무 무리한 스케줄로 몸이 상하거나 아프게 되면 더 우울해질 수 있으니 적당한 선을 유지하는 것이 좋겠습니다.

이별을 극복하는 방법 두 번째는 마음을 다스리는 것입니다.

연애를 하는 동안 힘들었던 마음을 깨끗하게 씻어내는 것이 좋습니다. 사람은 본능적으로 지나간 일을 모두 좋은 추억으로 포장하려는 본능을 가지고 있습니다. 그래서 이별 후 그 사람의 행동이나 함께했던 시간을 좋게 포장하려고 하는데, 사실 이런 생각은 자신을 더욱 괴롭게 만들기 때문에 좋지 않습니다.

헤어진 사람과의 추억에 집중하지 말고, 그동안 상처받았던 내 마음을 돌보는 것에 집중해야 합니다. 스스로 마음의 상처를 치유하고 업그레이드하려는 노력이 필요합니다. 자기개발서나 심리학과 관련된 책을 읽어보는 것도 좋습니다. 이별로 인한 상처를 말끔하게 걷어내야 더 좋은 사람을 만날 수 있는 매력적인 내 모습을 되찾을 수 있으니까요.

이별을 극복하는 세 번째 방법은 사람들과 함께하는 것입니다.

새로운 사람을 만나는 것도 좋고, 그동안 이성교제 때문에 소홀했던 사람을 만나는 것도 좋습니다. 사람들과 만나서 이야기하고 함께 시간을 보낸다면 새롭고 긍정적인 에너지를 얻을 수 있습니다. 그리고 다른 사람들과의 대화에서 자신의 매력적인 부분이나 특별한 점을 알아낼 수도 있습니다. 이런 포인트를 잘 기억하고 더 발전시킨다면 한층 성숙한 내 자신을 확인해 볼 수 있습니다. 무엇보다 자존감을 높이는 노력을 하는 게 중요합니다.

이 외에도, 산책이나 운동, 명상 등의 방법으로 이별을 극복할 수 있습니다. 이별을 극복하는 수많은 방법들이 있지만, 그 방법들의 공통점은 「내 자신」에 집중한다는 것입니다.

제5장
예쁜 사랑을 하려면

싫어하는 것을 하지 말자

이성교제를 하면 챙겨야 할 이벤트 데이가 참 많습니다. 밸런타인데이, 화이트데이, 로즈데이, 허그데이, 키스데이, 100일 등. 우리는 이런 기념일에 그 아이가 좋아할 만한 선물을 준비하고, 그 아이가 좋아할 만한 장소에서 즐거운 데이트 시간을 보내고자 합니다.

연애 초보들이 가장 많이 하는 실수가 있습니다.

상대방이 좋아할 만한 것을 주려고 하는 것에만 집중한다는 점입니다. 그 아이가 좋아할 선물을 하고, 좋아할 것 같은 장소를 찾고, 좋아할 것 같은 방법으로 고백을 합니다. 그런데 막상 해 보면 어떨까요? 내가 기대한 만큼 좋아하지도 않고, 때로는 오히려 실망했다고 하는 경우가 더 많습니다. 이런 작은 실망이 모이면 결국 이별이라는 벽을 마주하게 됩니다. 그렇다면 어떻게 해야 할까요?

'이성교제를 한다면 당연히 상대방이 좋아할 선물이나 행동을 해야 하는 것 아닌가요?'라고 생각할 수 있습니다.

사랑과 관심을 표현하는 방법은 성장하면서 조금씩 변화하게 됩니다. 유치원 남자아이는 관심의 표현을 어떻게 하나요? 마음에 드는 여자아이가 있으면 괴롭히거나 때리면서 관심을 표현하기도 합니다. 우리는 성장하면서 이런 표현 방법은 옳지 않다는 것을 자각하고 새로운 방법을 찾습니다.

초등학생들은 마음에 드는 사람이 있으면 어떻게 할까요? 먹고 있는 과자를 나누어 준다든지, 자신이 소중하게 간직한 무엇인가를 선물합니다. 이제 사춘기가 시작되고 상대방의 입장까지 생각할 수 있는 심리 상태가 되면, 상대방이 좋아할 만한 행동을 하려고 합니다. 그래서 아마 여러분도 좋아하는 사람이 생기면,

그 사람이 좋아할 만한 행동이나 말 혹은 선물을 하려고 마음먹을 것입니다. 그런데 이런 행동보다 더 중요하고 가치 있는 것이 있습니다. 바로 상대방이 싫어하는 행동을 하지 않는 것입니다.

진짜 사랑이라고 느끼는 순간은, 상대방이 「내가 싫어하는 행동」을 하지 않고 참는 것을 확인할 때입니다.

상대방이 욕하는 것을 싫어하면, 욕을 하지 않는 모습.

상대방이 담배냄새를 싫어하면, 금연하고 담배연기 자욱한 곳은 피하는 모습.

상대방이 시끄러운 곳을 싫어하면, 조용한 곳에서 데이트 하려는 모습.

이렇게 스스로 반성하고 말이나 행동을 고치려는 모습에서 배려와 사랑의 마음을 확인할 수 있는 것이죠.

어떤 사람은 이렇게 이야기합니다.

"이건 내가 평생 해온 습관인데, 이것까지 고쳐야 하나요? 습관은 못 고쳐요."

네, 물론 습관을 고치는 것은 어렵습니다. 하지만 고치기 어려운 습관마저 바꾸려는 강한 의지가 결국 진짜 사랑의 표현인 것입니다. 스스로 변화해 가면서도 그것을 티내지 않고 묵묵하게 지속하는 마음. 이 마음이 사랑을 위한 배려입니다.

예쁜 사랑을 하고 싶은가요?

그렇다면 상대방이 싫어하는 것을 하지 않고 참을 수 있는 「진정한 용기」를 가진 사람을 만나야 되고, 스스로도 그런 사람이 되어야 합니다.

조건을 봐라?
어떤 조건?

결혼을 준비하는 사람들에게 어른들이 입이 닳도록 하는 말이 있습니다.

"사랑만으로는 결혼생활 힘들다. 결혼은 현실이다. 꼭 배우자의 조건을 봐야 한다."

우리 주변에서 혹은 영화나 드라마에서도 자주 들어볼 수 있는 내용입니다. 그래서 우리들은 생각합니다.

'조건? 아, 그럼 돈 많은 사람하고 결혼하면 되는구나!'

그래서 돈 많은 사람 혹은 부유한 집안의 사람과 결혼하는 꿈을 꿉니다. 그런데 현실은 어떨까요? 과연 행복할까요? 진정한 사랑으로 결혼생활을 잘하고 있을까요?

일반적으로 결혼에 있어서 「조건」이라고 하면 부모나 배우자의 재산, 직업을 뜻하는 것으로 여깁니다. 대부분 조건을 재산과 동일시하는 사람들이 많은 게 사실입니다.

그런데 결혼생활에서 「조건을 봐라」는 말의 뜻은 재산을 확인해 보라는 것이 아닙니다. 상대방의 마음, 심성, 인격, 화목한 가정 분위기 등을 살펴보라는 뜻입니다. 물론 여유롭고 풍족한 집안에서 성장하면 심리적으로 안정되어 있을 확률이 높습니다. 하지만 이것은 어디까지나 확률일 뿐이며, 개인의 심성에 따라서 큰 차이를 보입니다.

재산이나 직업 혹은 사는 집의 규모는 세월에 따라 변화하기 마련입니다. 지금 돈 한 푼 없더라도 나중에 크게 성공하여 남들의 10배, 100배의 자산을 보유하는 경우도 있으며, 지금 부유하게 살고 있더라도 일이 잘못되어 빚더미에 깔려 가난한 삶을 사는 경우도 있습니다.

돈   마음

  그렇지만, 성격과 심성은 평생 변하지 않습니다. 「조건을 보라」
는 말은 「상대방의 성격과 심성을 확인해보라」는 말과 같습니다.
상대방의 심성을 파악하는 가장 좋은 방법은 상대방 부모님을
만나보는 것입니다. 그래서 결혼을 준비하는 과정에서 양가 부
모님이 만나서 인사하는 '상견례'라는 절차를 거칩니다. 상견례
자리에서 상대편 가정의 분위기나 인성 혹은 심성 등을 확인해
보는 것이지요.

그런데 이런 본래 취지가 많이 와전되고 변질되어, 요즘 상견례에서는 서로의 재산을 뽐내거나 기죽지 않으려고 무리하는 모습을 자주 볼 수 있습니다. 참 안타까운 일이지요. 결혼 상황을 예로 들어 이야기했지만, 이성교제도 마찬가지입니다. 이성교제를 인생 동반자를 찾기 위한 실전 연습이라고 생각해 볼 수도 있습니다. 그래서 이성교제의 상대를 찾을 때도 조건을 유심히 확인해 보아야 합니다. 당연히 그 「조건」은 상대방의 심성, 성격, 습관, 마음가짐 등이 될 것입니다.

친절한 사람과
좋은 사람을 구별하자

좋은 사람은 친절한 사람일까요?

친절한 사람은 좋은 사람일까요?

친절한 사람이 좋은 사람이 아닐 수 있습니다. 어쩌면 우리는 친절한 사람이 좋은 사람이 될 수 있을 거라는 희망을 가지고 있는지도 모릅니다. 우리는 일반적으로 예쁜 말을 쓰고, 듣기 좋은 말을 해주는 사람을 친절한 사람이라고 합니다. 공감의 말과 감사의 말도 참 잘 해주는 그 사람, 친절한 사람 맞죠?

그런데 때로는 친절함이 독이 되는 경우도 있습니다.

쓸데없는 관심을 계속 주는 경우.

힘들어 잠시 혼자이고 싶은데 옆에 다가와서 위로해주는 경우.

조용하게 사색에 잠기고 싶은데 조목조목 설명해주는 경우.

친절함은 경우에 따라 오지랖이 되어 버립니다. 친절한 사람을 좋은 사람이라고 생각하는 것은 성급한 일반화의 오류일지도 모릅니다.

좋은 사람은 어떤 사람일까요?

좋은 사람은 나를 존중해주는 사람입니다.

'내가 필요로 할 때, 딱 필요로 하는 것을 줄 수 있는 사람.'

'오버하지 않는 사람.'

'내가 혼자 있고 싶을 때 멀리서 그저 나를 바라봐 주는 사람.'

'머릿속이 복잡해서 울고 싶을 때 아무것도 물어보지 않고 그저 어깨를 다독여 주는 사람.'

좋은 사람은 친절한 말이 아니라 「친절한 행동」이 우러나오는 사람입니다.

친절한 말투만으로 사람을 평가하는 것은 매우 위험합니다. 세상에서 친절한 말을 가장 잘하는 사람은 사기꾼이라고 하죠. 친절한 말만을 내세워서 우리를 현혹하려는 사람들이 너무나 많습니다. 사랑과 연애에서도 마찬가지입니다. 달콤하고 친절한 말로 마음을 사로잡습니다. 그런데 막상 하는 행동은 이기적이라면 좋은 사람이 아니죠.

친절한 말만 하는 사람들은 자신을 좋은 사람이라고 스스로 평가한다고 합니다. 그래서 좋은 말을 하면 다른 사람들이 자기를 좋아해주고 관심을 줄 거라고 생각하는 거죠. 하지만 우리는 시간이 갈수록 본능적으로 그의 친절한 말이 가식적이라는 것을 느끼게 됩니다. 바로 친절한 행동이 없기 때문이죠.

좋은 사람은 친절한 행동을 합니다. 그저 말없이 나를 아껴주고 보살펴 줍니다. 든든하게 믿을 수 있는 믿음을 줍니다. 언제든지 편하게 기댈 수 있는 사람! 그런 사람이 좋은 사람입니다. 상대방의 실수나 단점마저 포용해 주는 사람이 좋은 사람입니다. 그래서 때로는 말보다 행동에서 더 많은 것을 알아볼 수 있는 것입니다.

서로의 가치를 존중하자

　연애 초보들은 사귀는 사람을 애완동물로 생각하려는 경향이 있습니다.

　"이성교제 하면 항상 같이 밥 먹고, 같이 놀고, 같이 있어야 하는 거 아닌가요?"라고 말합니다. 상대방을 마치 애완동물같이 취급하고, 애완동물 키우듯 연애를 하려고 합니다.

　애완동물과 사귀는 사람 모두 사랑스럽고 아껴주고 싶은 공통된 마음이 있습니다. 그래서 자연스럽게 사귀는 사람과 애완동물을 혼동하는 것인지도 모릅니다. 항상 같이 있으려고 하는 것뿐만 아니라, 연인이 다른 사람이나 친구를 만나지 못하게 하는 것, 상대방의 개인적인 생각이나 프라이버시마저 공유하자고 강요하는 것은 사랑이 아니라 사람을 동물 취급하는 것에 불과합니다.

자신이 좋아하는 스타일로 상대방을 꾸미거나, 강요하는 것도 당연히 해서는 안 될 행동입니다. 물론 서로에게 호감이 가는 단정한 옷차림을 요구하는 것은 괜찮습니다. 그 사람의 외모나 스타일에 대해서 이야기하고 대화하는 것은 좋지만, 일방적인 강요나 협박은 절대 금물입니다. 특이한 취향의 옷이나 스타일을 요구한다거나, 커플 문신 혹은 피어싱 등을 강요하는 것은 배려나 사랑이 아니라 억지를 부리는 것입니다. 그렇게 본인의 취향이나 특성을 강요하려는 사람에게는 이성교제보다는 인형놀이를 추천합니다.

어떤 옷을 입든, 어떤 음식을 먹든 이것은 전적으로 개인의 자유입니다. 개인이 당연하게 누릴 수 있는 자연스러운 권리를 「인격Personality」이라고 부릅니다. 숨 쉬는 것, 음식을 먹는 것, 잠을 자는 것, 용변을 보는 것 등은 모두 인격의 영역입니다. 입을 옷을 정하고, 내 몸을 관리하는 것도 당연히 인격으로 보장받아야 합니다. 이러한 인격을 무시하거나 강요하는 것을 「고문」이라고 표현합니다. 어쩌면 가장 소중한 사람을 고문하고 있는 것은 아닌지 잘 생각해 봐야 할 것입니다.

취향이나 취미 혹은 식성이 비슷한 사람과 사귀면 큰 문제가 없다고 하는 사람들이 있습니다. 물론 취향이나 식성도 성장하면서 환경의 영향을 받아 변하기는 합니다. 하지만 억지로 상내방의 취향에 맞추어가는 것보다, 서로 비슷한 취향을 가지고 있는 사람과 만나면 조금은 편안하겠죠. 만약 내가 사귀는 사람과 취향이 다르다면 억지로 변화를 요구하거나 강요하지는 말고, 상대방의 의견을 존중하는 자세가 필요합니다. 자신이 상대방을 존중하는 만큼 존중받고 사랑받을 수 있는 것이니까요.

이성교제는 애완동물 키우듯 상대방을 자신에게 맞추게 하는 것이 아니라, 자신을 상대방에 맞추어가는 과정입니다. 내가 한 걸음 양보하고 상대방에게 맞춘다면 상대방도 나에게 한걸음 양보해 줄 것입니다.

사랑과 집착을 구분하자

사랑과 가장 착각하기 쉬운 것이 집착입니다. 특히 주고받는 쪽

모두가 착각하기 쉬운 것이 사랑과 집착입니다.

"자기 지금 어디야? 장소 옮길 때마다 연락 줘."

"지금 뭐해? 이따 뭐할 거야? 바로바로 알려줘."

"우리 잠들 때까지 계속 영통하자."

"내 전화 왜 바로 안 받아?"

이런 말을 들으면 어떤 느낌일까요?

'나를 향한 마음의 표현이구나.'

'항상 나를 생각해 주는구나.'

'내가 너무 보고 싶어서 그랬구나.'

대부분 이렇게 생각하기 쉽습니다. 하지만 어쩌면 이런 말은 집착 때문에 하는 것인지도 모릅니다.

이성교제 초기에 자연스럽게 한두 번 해볼 수 있는 말인지도 모릅니다. 그렇지만 진정한 사랑의 감정을 가지고 이성교제를 한다면 이런 말은 오히려 하지 않게 됩니다. 이와 같은 말은 집착적인 성향이 강할 때 발현되는 말입니다. 모두 자신의 확인과 만족을 위한 대화이기 때문입니다. 「틈나면, 몇 분마다, ~할 때마다, 계속, 바로바로」와 같은 표현은 집착을 나타내는 대표적인 말입니다.

만약 집착이 아닌, 사랑의 표현이라면 어떻게 해야 할까요? 우리는 항상 같이 있고, 함께해야 사랑이라고 생각하는 데서 벗어나세요. 기다려주고, 참아주고, 이해해주는 것은 더 멋지고 예쁜 사랑입니다.

그 아이의 일이 끝날 때까지 묵묵히 기다려주는 것.

그 아이가 다시 연락할 때까지 참아주는 것.

사정이 있어서 만날 시간이 없는 것을 이해해주는 것.

이런 아름다운 마음이 더 깊은 사랑을 만드는 마법이 됩니다.

무조건적인 기다림을 이야기하는 것이 아닙니다. 상대방도 지금 어떤 상황인지 자세히 설명하고, 용무를 마치면 연락을 준다고 미리 이야기해주어야 합니다. 그래야 상대방이 집착적으로 행동하지 않을 것입니다.

이성교제를 하는 사이라고 집착이 용서되는 것은 아닙니다. 이성교제는 범죄나 성폭력까지 무마할 수 있는 특별한 관계가 아닙니다. 「사랑해서 집착했다?」 비뚤어진 욕심과 못된 인성을 보여주는 대표적인 생각입니다.

「나」를 위한 건 집착이고, 「너」를 위한 건 사랑입니다. 내가 만족했으면 집착이고, 네가 만족했으면 사랑입니다. 그래서 사랑은 아픈 것이고, 그래서 사랑은 힘든 것입니다. 이런 아픔이 오히려 더 건강하고 아름다운 사랑이 될 수 있도록 항상 노력해야 합니다.

상대에게 공감하는 방법

이성교제를 잘하려면 가장 필요한 능력이 무엇일까요?

멋진 외모? 예쁜 얼굴? 좋은 스타일? 능력이나 실력?

우리는 이성교제를 잘하는 비법을 찾으려고 연애 경험이 많은 친구들에게 물어보기도 하고, 인터넷을 검색해 보기도 합니다.

그런데 마땅한 답을 찾기가 어렵습니다.

어떤 남성은 연애를 잘하고 싶어 본인이 좋아하는 것에 집착하기도 합니다. 예를 들면 자동차나 시계, 게임 같은 것 말이죠. 자신이 좋아하면 상대방도 좋아할 것이라고 성급하게 일반화하는 것입니다. 어떤 여성은 연애를 잘하고 싶어 친구들의 이야기를 더 많이 듣습니다. 연애와 관련된 책과 영상도 많이 찾아봅니다. 드라마나 영화에 나오는 로맨틱한 장면을 꿈꾸며 연애를 배우려고 합니다. 그런데 이런 행동은 이성교제를 잘하게 해주기는커녕 오히려 이성교제를 방해합니다.

이성교제를 잘하려면 무엇보다 「공감」하는 능력이 필요합니다. 공감이 바로 연애의 지름길입니다. 공감은 상대방이 굳이 말로 표현하지 않아도 상대방의 마음과 감정을 이해하고 배려해 주는 것입니다. 그래서 공감을 하기 위해서는 무엇보다 상대방의 말에 귀를 기울여야 합니다. 어떤 이야기를 하고, 어떤 단어를 쓰는지 마치 영어 듣기 평가에 임하듯 집중해서 들어야 합니다. 그래서 경청이 중요하다고 이야기하는 것입니다.

하지만 상대방의 말을 잘 들어도 도무지 공감이 안 되는 경우도 있습니다. 이런 경우는 말보다 비언어적인 것에 집중하는 것이 좋습니다. 특히 이성교제의 경우 말로 다 표현하지 못하는 감정이나 생각이 많습니다. 그래서 언어로 표현하지 못하는 부분을 파악해야 하는데, 이때는 표정이나 눈빛 혹은 행동을 세심히

게 살피는 것이 좋습니다. 특히 눈빛은 마음을 표현하는 가장 진솔한 도구입니다.

공감하는 또 다른 방법은 역지사지易地思之입니다. 상대방의 상황에서 나라면 과연 어떻게 말하고 행동했을 것인지 생각해 보는 것입니다. 단, 역지사지 할 때 주의사항이 하나 있습니다. 자신의 성격과 취향을 기준으로 놓고 상황을 생각해 보는 것이 아니라, 상대방의 성격과 취향을 기준으로 가정하는 것이 중요합니다. 이런 생각 습관을 들이면 공감하는 능력이 크게 향상될 것입니다. 말과 행동을 하기 전에 상대방과 입장을 바꾸어서 생각해보는 것도 좋은 방법입니다.

'내가 이렇게 했을 때 상대방은 어떤 기분이 들까?'

공감은 배려의 시작입니다. 배려는 결국 사랑으로 서로를 이어줄 것입니다.

××××××××××××××××××××××××××××××

━ 역지사지 [易地思之]

입장을 서로 바꾸어 생각하는 것을 뜻하는 사자성어입니다. 상대방의 처지에서 생각해 보는 것만으로도 배려와 이해의 폭을 넓힐 수 있습니다.

××××××××××××××××××××××××××××××

진짜 사랑, 가짜 사랑

이 세상에 진짜만 있으면 얼마나 좋을까요? 하지만, 진짜 같은 가짜가 넘쳐나는 건 어쩔 수 없겠죠. 유명한 명품 브랜드를 따라서 만든 짝퉁 브랜드를 쉽게 찾아 볼 수 있습니다. 의류, 신발, 시계, 목걸이 등등.

가짜 물건은 진짜 물건에 비해서 가격이 많이 저렴합니다. 하지만 그 겉모습은 거의 비슷하게 보입니다. 멀리서 보거나, 자세히 살펴보지 않으면 진짜와 가짜의 구분이 어렵습니다. 요즘에는 가짜 물건들도 진짜와 거의 구분하지 못할 정도로 잘 만들어내는 경우가 있다고 합니다.

그럼에도 왜 사람들은 진짜 물건을 구입하려고 할까요? 가짜 물건은 진짜 물건보다 약하거나 허술합니다. 내구성이 형편없는 거죠. 그리고 보증이나 AS도 안됩니다. 가짜 물건은 한 번 팔면 그만이라고 생각하는 모양입니다. 하지만 진짜 물건은 대부분 철저하게 AS를 해주면서 브랜드 관리를 합니다. 그래서 가짜는 진짜를 이기지 못하는 것이겠죠.

당연하게도 형편이 넉넉하고 여유가 있는 사람들은 당연히 진짜 물건을 구입합니다. 하지만 그렇지 못한 사람은 가짜 물건을 사서 진짜인 것처럼 행동합니다. 때로는 가짜를 진짜라고 우기면서 남을 속이는 사람들도 있습니다. 하지만 진실은 속일 수는 없습니다.

사랑도 마찬가지입니다. 사랑도 「진짜 사랑」과 「가짜 사랑」이 있습니다. 진짜 사랑은 견고하고 흔들리지 않으며, 항상 따뜻하고 부드럽습니다. AS도 잘 되고, 보증도 철저합니다. 서로 든든한 믿음으로 연결되어 있습니다. 어떤 문제가 발생했을 때 서로

탓하기보다, 어떻게 하면 기분 상하지 않고 해결할 수 있을지 대화를 통해 방법을 찾아보려고 합니다.

그래서 진짜 사랑을 하면 마음이 편안하고 행복감을 느낍니다. 반면 가짜 사랑은 부실하고 잘 흔들리며, 감정의 기복이 심합니다. 화를 내고 싸우는 일이 잦습니다. 그래서 가짜 사랑을 하면 마음이 불안하고 행복을 찾고 싶어집니다.

우리는 누구나 진짜 사랑이 가짜 사랑보다 좋다는 것을 알고 있습니다. 하지만 진짜 사랑을 찾는 것을 어렵습니다. 그래서 찾기 쉬운 가짜 사랑을 쉽게 받아들입니다. 안타까운 것은 가짜 사랑을 자주 하게 되면 진짜 사랑을 찾는 방법을 잊어버리게 된다는 점입니다. 그래서 상대방이 자신을 불행하게 만들어도 '이게 사랑인가 보다'라고 잘못 판단하고 그 관계를 쉽게 정리하지 못합니다.

사람과의 관계에 있어서 맺고 끊음을 잘하는 것도 굉장히 중요합니다.
보통 쉽게 관계를 끊으려고 하면 '너 정말 정이 없다', '매정하다'라고 이야기합니다. 하지만 끊어야 할 관계를 억지로 붙잡고 있는 것은 자신을 더 불행하게 만드는 걸림돌이 될 수도 있습니다. 끊어야 할 때 확실하게 끊는 것이 좋습니다.

함께한 시간이 길다고
다 좋은 관계는 아니다

사랑하는 사람이 생기면 항상 함께하고픈 마음이 들게 마련입니다. 그래서 항상 같이 붙어 있고 싶습니다. 어디를 가든 함께 가고 싶고, 무엇을 하든지 같이 하고 싶고, 누구를 만나든 같이 만나고 싶어집니다. 그런데 이런 마음은 너무 쉽게 집착으로 변질되어버립니다.

사랑하는 사람과 일상에서 함께하면 좋은 것들이 많습니다. 놀이공원도 함께라면 더 재미있고, 맛집의 음식도 사랑하는 사람과 같이 먹으면 더 맛있습니다. 그런데 때로는 함께하지 않아서

좋은 것도 있습니다.

 사랑하는 사람을 보고 싶고 만나고 싶지만 그렇지 못할 경우 그리움이 생깁니다. 그리움을 슬프거나 나쁘다고 생각하는 사람들이 있습니다. 감정은 옳고 그른 평가의 대상이 아닙니다. 그리움은 애틋함과 간절함을 불러일으키기도 합니다. 사랑하는 사람에 대한 애틋함과 간절함은 사랑이라는 그릇을 더 크고 단단하게 만듭니다.

 보고 싶다고, 만나고 싶다고 당장 그 사람을 불러내면 사랑의 감정은 쉽게 즉흥적으로 변합니다. 즉흥적인 사람의 감정은 작고 연약하기에 쉽게 질리거나 사라질 수 있습니다. 사랑을 더 깊고 아름답게 만들기 위해서는 담금질과 같은 단련이 필요합니다. 그 첫 번째 담금질이 바로 그리움을 느끼는 것입니다.

　그 사람이 보고 싶지만 볼 수 없는 상황이 있습니다.

　시험 공부를 해야 하기 때문에.

　서로 다른 학교에 진학해서.

　먼 지역으로 이사를 해서.

　이럴 경우, 억지를 부려가면서 만남을 강요하는 것보다 잠시
그리움을 느껴봅시다. 사랑하는 사람과 만남의 사이에 등장하는
공백의 그리움은 마치 쉼표와 같습니다.

　서로 상대방을 더 잘 이해할 수 있게 도와주는 쉼표.

　성급해서 발생하는 실수를 줄여주는 쉼표.

　숨가쁘게 두근거렸던 심장에게 잠시 휴식을 주
는 쉼표.

　연애 초보들은 사랑하는 사람들과 항상
함께하기를 원합니다. 하지만 몇날 며칠을
하루 종일 함께 한다면 어떻게 될까요? 함
께하는 시간이 길어질수록 서로의 단점이
눈에 보이기 시작합니다. 처음에는 별것

아닌 사소한 단점이지만, 점차 더 많은 이해할 수 없는 결점이 보이기 시작합니다. 결국 깊은 고민에 잠기게 됩니다.

함께하는 시간이 많으면 더 많은 라포를 쌓을 수 있습니다. 하지만 개인적인 사색의 시간과 혼자 스트레스를 풀 수 있는 시간도 보장되어야 합니다. 그래야 서로에 대해 오해가 생겼을 때 이성적으로 잘 해결할 수 있는 것입니다.

뜨겁게 사랑하고, 깔끔하게 끝내라

만남이 있으면 자연스레 헤어짐이 있는 것이 인생입니다. 이성
교제도 인생의 일부분이며, 원하지 않은 이별을 준비해야 할 수
도 있습니다. 그런데 어떤 인간관계이든 헤어진다는 것, 이별을
한다는 것은 그리 기분 좋은 일이 아닐 겁니다. 그래서 많은 사
람들이 이별을 두려워하고 헤어지는 것을 거부하기도 합니다.

이별의 원인은 참 다양합니다. 어느 한 사람의 문제일 수도 있
고, 서로가 이해하지 못해서 발생하는 경우도 있습니다. 또 두
사람의 문제가 아닌 집안이나 친구들로 인해서 헤어지는 경우도

있습니다. 그것이 어떤 원인이든, 헤어짐을 결심하고 서로 동의하였다면 이별을 받아들이는 자세도 필요합니다.

간혹 이별을 거부하거나, 믿기지 않는다는 이유로 집착하는 모습을 보이기도 합니다. 이런 심리는 흔히 데이트 성폭력으로 이어지기도 합니다. 헤어지고 나서 만나주지 않는다는 이유로 폭력을 가하는 사건, 이별을 받아들이지 못해서 상대방의 집에 찾아가서 행패를 부리고 심지어 상대의 부모님을 가해하는 사건, 한때 연인이었던 사람을 분풀이 대상으로 삼아 함부로 하는 사건들을 우리 주변에서 어렵지 않게 찾아볼 수 있습니다.

이렇게 집착적인 사람을 만나 데이트 성폭력의 피해를 당한다면, 혹은 자신도 모르게 이별을 부정하고자 데이트 성폭력을 가한다면, 서로의 인생에 큰 오점을 남기게 될 수 있습니다. 무엇보다 이성교제는 후회하지 않게 하는 것이 중요합니다. 후회하지 않는 연애를 하는 방법은 이것만 기억하면 됩니다.
「사랑할 때는 뜨겁게, 끝낼 때는 깔끔하게!」

사랑하는 사람과 이성교제를 하게 되었다면 최선을 다해서 사랑하세요. 자신이 할 수 있는 최대한의 배려심을 발휘해 보고, 참을 수 있을 만큼 인내심도 발휘해 보세요. 자신이 힘든 것을 잊을 만큼 열정적으로 상대방을 아껴주세요. 「Here & Now」지금 이 순간은 평생에 단 한 번뿐입니다. 지금 자신 앞에 있는 이성을 인생의 마지막으로 본다는 생각으로 최선을 다해서 아끼고 배려해야 합니다.

그리고 이별의 순간이 찾아온다면, 헤어짐을 인정하고 그동안의 추억을 소중하게 포장하고 정리하는 것이 필요합니다. 서로 주고받았던 편지나 쪽지, 스마트폰의 메시지는 삭제하세요. 함께 찍었던 사진이나 동영상도 지우는 게 좋습니다. 내 마음에 사랑의 빈자리가 있어야 또 다른 사람이 들어올 수 있습니다.

더 좋은 사랑을 하기 위한 마음의 보금자리를 정리한다고 생각하세요. 그리고 상대방의 연락처, 집 위치 등은 머릿속에서도 깨끗하게 지워버리는 게 좋습니다. 그 사람과의 추억은 마음속 추억으로 저장하고 마무리하는 성숙한 사람이 되어야 합니다. 그래야 새로운 사람을 받아들이고, 새로운 사랑을 준비할 수 있습니다. 상대방에 대한 감성이 남아 있는 상태에서 단지 외로움 때

문에 다른 연애를 시작한다면, 새로운 사람에게 마음을 주기가

힘들겠죠. 그리고 과거와 현재를 계속 비교하게 되어 점점 더 힘

들어질 수 있습니다.

예쁜 사랑을 실천하는 방법

관심이 가는 사람과 썸을 타고, 드디어 사귀기까지 했습니다. 그런데 막상 이성교제를 시작하면 무엇을 어떻게 해야 하는지 도무지 감이 안 잡힙니다. 연애에 대한 호기심, 성에 대한 호기심도 잠깐입니다. 시간이 지나고 만남의 횟수가 늘어날수록 반복되는 데이트 패턴이 지겨워지기도 하고, 이게 사랑이 맞는지 다시 확인하고 싶어지기도 합니다. 어떻게 하면 예쁜 사랑을 할 수 있을까요?

누구나 부러워하는 예쁜 사랑을 하기 위해서는 무엇보다 상대방을 이해하는 자세가 필요합니다. 막연하게 「상대방을 이해하세요」라고 하면 어떻게 해야 하는지 난감하죠? 그래서 딱 두 가지 구체적인 방법을 알려드립니다.

상대방을 이해하는 첫 번째 방법은 「경청」입니다. 상대가 무슨 이야기를 하고 있고, 어떤 말을 하는지 유심히 들어야 합니다. 말하는 의도뿐만 아니라 말하는 표정이나 말의 속도, 감정도 같이 파악하면 더욱 좋습니다. 이는 심리학의 가장 기초적인 연구 방법일 뿐 아니라, 연인이나 부부 사이에서도 유용한 방법입니다. 이렇게 유심히 보고 듣는 경청의 방법을 사용하면 상대방이 지금 무엇을 원하고, 어떤 생각을 가지고 있는지 대략 알아챌 수 있게 됩니다.

상대방을 이해할 수 있는 두 번째 방법은 「관찰」입니다.

상대의 표정, 제스처, 움직임, 걸음걸이, 눈빛 등을 자세히 관찰하는 것입니다. 눈동자의 위치로 진실과 거짓을 판별한다는 등의 이론을 몰라도 괜찮습니다. 세심하게 그 사람의 움직임을 관찰하다 보면 그 사람의 습관을 알 수 있고 성격도 어느 정도 유추할 수 있게 됩니다.

이렇게 경청과 관찰을 통해서 상대방의 말과 행동을 알아보았다면 이제 그 사람의 생각도 살짝 들여다볼 수 있게 됩니다. 사랑하는 사람의 생각을 몰래 들여다본다는 것은 너무 짜릿한 일 아닌가요? 여러분이 지금 당장 해볼 수 있는 일입니다. 그리고 이렇게 상대의 생각을 알 수 있다는 것은 결국 그 사람을 배려할 수 있다는 뜻도 됩니다. 배려는 나의 만족을 위한 것이 아닌, 상대의 만족을 위한 마음의 표현이니까요.

이성교제를 하면서 선물도 빠질 수 없는 요소 중 하나일 겁니다. 그런데 막상 선물을 준비하면서 혹은 선물을 하고 나서 후회하거나 관계가 틀어지는 경우도 많습니다. 원치 않는 선물이거나, 일방적인 만족을 느끼는 선물일 수도 있습니다. 그래서 선물을 준비하는 것에도 배려심과 관심이 필요합니다. 때로는 장식 가득한 커다란 꽃바구니보다 장미꽃 한 송이가 더 감동을 줄 수 있습니다. 선물 하나에도 이렇게 생각해야 할 부분이 많습니다.

예쁜 사랑을 위해 마지막으로 알아야 할 것은 기념일입니다.
100일, 200일, 밸런타인데이 등등 우리는 기념일을 챙기는 것에 익숙하고 또 습관처럼 기념일을 챙기려고 합니다. 그런데 어떤 경우에는 기념일을 챙기느라 상대방의 마음을 상하게 하는 경우도 많이 발생합니다.

"오늘 우리 만난 지 며칠인지도 몰라?"

"오늘 무슨 날이야?"

"이젠 우리 기념일에 관심도 없구나?"

이런 대화가 오간다는 것은 올바른 사랑, 올바른 연애라고 할 수 없겠죠. 마치 기념일을 챙기려고 연애를 하는 것으로 보입니다. 주객이 바뀐 셩우죠. 기념일을 챙기는 것보다 더 중요한 것은 상대방의 마음을 챙기는 것입니다.

비난하지 않기.

욕하지 않기.

빈정대지 않기.

그리고 세상 그 누구보다 그를 아끼고 사랑해 주는 것.

이게 바로 상대방의 마음을 챙기는 것입니다.

사랑은 경험이다

작은 경험이 모여 인생이 됩니다. 세상을 사는 지혜는 경험에서 우러나오기 마련입니다. 경험이 풍부하면 더 현명한 판단을 할 수 있다고 합니다. 무엇인가를 먼저 경험해본 사람을 선배라고 부르고, 많은 경험을 해본 사람을 전문가라고 부릅니다.

세상을 사는 지혜는 경험뿐만 아니라 다른 방법으로도 알아낼 수도 있습니다. 책을 읽는 것, 공부를 하는 것, 영화를 보는 것, 명상을 하는 것 등등 수많은 방법이 있습니다. 그런데 우리는 이런 것들을 간접경험이라고 합니다.

간접경험도 나름의 의미를 가지고 있습니다. 짧은 시간에 다양한 지식을 습득할 수 있고, 시행착오도 줄일 수 있습니다. 그리고 경험할 때 감당해야 하는 감정 소모도 거의 없어 편안합니다. 그런데 만능일 것 같은 간접경험도 단점과 부작용이 있습니다. 수박 겉핥기처럼 깊이 있게 알지 못하고, 참된 의미를 깨닫지 못하기 쉽다는 것입니다. 노력이나 감정 소모가 적은 만큼 애착도 적습니다. 자칫 간사해지고 교만해지기 쉽습니다. 그래서 연애는 글로 배울 수 없다고 하는 것이겠죠.

경험의 차이는 생각의 차이를 가져옵니다. 직접 경험해본 사람은 보다 넓고 깊은 속마음을 가지게 되기 마련입니다. 이해심도 월등합니다. 사랑도 마찬가지입니다. 사랑을 이야기로 듣거나 글로 배우는 사람들은 사랑에 대해 간접경험만 해본 사람입니다. 이런 사람들은 사랑을 쉽게 생각하고, 이기적인 마음으로 사랑에 접근하기도 합니다. 그래서 좋은 사랑을 오랫동안 유지하기 어려운 것입니다.

특히 사랑은 직접 경험을 해봐야 잘 알 수 있습니다. 사랑에 대한 경험이 많아지면 자연스럽게 사랑의 가치를 깨닫게 됩니다.

당연히 사랑에 대한 경험은 마냥 좋을 수만은 없습니다. 때로는 인내심이 필요하고, 때로는 너그러움이 필요하기도 합니다. 기뻐도 티내지 않아야 하는 경우도 있고, 슬퍼도 드러내지 않아야 하는 경우도 있습니다.

● 이런 사랑이 좋아요 ●

사랑을 통해 얻을 수 있는 감정은 여러 가지입니다. 여러분은 연애하면서 어떤 종류의 사랑을 느껴보고 싶나요? 어떻게 하면 참된 사랑을 느낄 수 있는지 한번 알아볼까요.

아껴주는 사랑

부모님이 우리에게 주는 사랑과 같은 느낌입니다. 믿음직하고 든든한 사람이 베풀어주는 모습과도 같습니다. 항상 나를 보살펴주고 걱정해주는 모습에서 깊은 감사와 감동을 느끼기도 합니다. 더구나 나에게 대가를 바라지도 않는 무한한 사랑이기도 합니다. 지금 연인에게서 이런 느낌의 사랑을 받는다면 포근하고 안정적인 심리 상태일 것입니다.

유쾌한 사랑

항상 기쁘고 웃음이 끊이지 않는 사랑입니다. 재미있고 유머러스한 그 사람의 모습에 걱정거리조차 잊게 만드는 힘이 있는 것 같습니다. 코미디언의 배우자들은 비록 가난하고 풍족하지 못한 삶이라도 즐겁게 생활할 수 있다고 이야기합니다. 그만큼 웃음이 우리에게 주는 가치가 크다고 할 수 있겠죠.

배려하는 사랑

사소한 것마저도 잘 챙겨주면서 나를 편안하게 해주는 사랑입니다. 잊어버린 물건은 없는지 살펴봐주고, 내가 필요한 것들을 미리 준비해주는 센스 있는 모습이 감동적으로 다가옵니다. 크고 작은 배려 덕분에 끊임없이 사랑받고 있다는 느낌, 상대방이 나를 좋아해주고 있다는 느낌이 듭니다. 세심한 성격의 사람이라면 배려하는 사랑을 실천할 수 있을 것입니다.

이해하는 사랑

내가 어떤 이야기를 해도, 심지어 투정을 부리고 화를 내도 잘 받아주는 사랑입니다. 내 의견을 잘 받아주고, 내 기분 상태에 맞추어 주는 것에 능숙합니다. 바로 타인을 잘 이해해주는 심성 때문입니다. 특히 배려하는 성격은 타고나야 하기에 이해하는 사랑을 경험하는 건 생각보다 어렵습니다. 하지만 지금 내 연인이 이런 성격이라면 넉넉히 기댈 수 있는 사람이라고 할 수 있습니다.

교감하는 사랑

마음이 잘 통해 굳이 말을 하지 않더라도 서로의 마음을 잘 알아주는 사랑입니다. 서로의 눈빛만 봐도 내가 어떻게 행동해야 하는지 눈치를 챌 수 있을 정도로 심리적 교감이 잘되는 사이입니다. 특히 내가 외롭거나 슬플 때 큰 위로를 받을 수 있는 사랑입니다. 평소에 많은 시간 대화하는 사이라면 점차 교감하는 사랑이 가능합니다.

제6장
행복한 연애를 위한
심리학 수업

다양한 감정을 경험하는 연애

이성교제를 바라보는 시선은 참 다양합니다. 특히 청소년의 이성교제에 대해서 부모님, 선생님, 그리고 친구들의 입장은 사뭇 다릅니다. 일부의 어른들은 청소년의 이성교제에 대해서 거부감을 가지고 있습니다. 이런 거부감은 이성교제의 부정적인 영향을 우려하기 때문입니다.

사람이 사용할 수 있는 심리 에너지는 한정되어 있습니다. 우리는 이 심리 에너지를 사용하여 생각을 하거나, 어떤 것에 집중하고 감정을 조절하기도 합니다. 당연히 공부하는 데에도 심리

에너지가 소모됩니다. 그런데 문제는 이성교제 하는 데에 생각보다 심리 에너지가 많이 소모된다는 점입니다. 어른들은 흔히 「이성교제는 공부에 방해된다」라는 말을 많이 합니다. 바로 심리 에너지를 낭비하지 말고 학업에 집중하는 것이 좋다는 의미일 것입니다.

이성교제가 공부에 방해가 된다? 맞는 말이기도 하고, 틀린 말이기도 합니다. 학창시절이라는 시간을 한정하여 생각하면, 이성교제가 공부에 방해가 될 수도 있습니다. 그런데 인생이라는 긴 시간으로 폭넓게 생각해본다면 청소년기의 이성교제도 분명 긍정적인 부분이 있습니다.

연애는 감정의 교과서입니다. 연애를 하는 과정에서 다양한 감정의 변화와 감정의 기복을 경험하게 됩니다.
썸을 타거나, 혼자 사랑을 키워가면서 느끼는 감정.
연애를 시작하면서 알콩달콩 사랑을 속삭이며 느끼는 감정.
상대방에게 실망하거나 배신당했을 때 느끼는 감정.
이별 후 마음을 추스르면서 느끼는 감정 등.
연애 과정에서 느끼는 감정의 스펙트럼은 굉장히 넓습니다. 이런 감정을 경험해 보는 것은 인생을 살아가는 데 적지 않은 도움이 됩니다. 쉽게 흔들리거나, 우울함에 빠지는 것을 어느 정도막아주기도 합니다.

그리고 연애는 지금까지 경험해보지 못한 수많은 판단과 결정을 해야 하는 상황을 만들어 줍니다. 아마 지금까지 중요한 결정이나 판단은 대부분 부모님이나 보호자 혹은 선생님이 대신 해주었을 것입니다. 그런데 연애라는 영역에서는 대부분의 결정이나 판단을 내 스스로 해야 합니다. 연애 경험이 많은 친구에게물어보거나, 부모님에게 조언을 구하는 경우도 있습니다. 그렇지만 결정적으로 내가 최종 판단을 해야 합니다. 이런 결정과 판단은 심리적인 부담감이 상당합니다. 내 결정에 상황이 좋아질수도 있고, 반대로 최악의 상황이 될 수도 있으니까요. 그 책임도 고스란히 내가 짊어지는 것입니다. 이런 일련의 과정은 어른이 되어가는 연습이라고 볼 수 있습니다.

성관계나 스킨십, 결혼, 임신과 같은 문제가 판단을 어렵게 만들기도 합니다. 경우에 따라서는 아주 무거운 책임을 지거나, 내가 감당할 수 없을 만큼 책임질 일이 발생하기도 합니다.

데이트 성폭력에 연루될 수도 있고, 임신이 될 수도 있고, 성병에 전염될 수도 있고, 심지어 가족과 영원히 헤어져야 하는 경우가 발생합니다.

연애에 있어 잘못된 결정은 내 인생을 망가뜨리는 원인이 되기도 합니다. 그래서 연애는 신중하고 조심스럽게 접근해야 하는 영역입니다. 단순한 기분에, 호기심에, 유혹적인 말 한마디에 이성교세를 한나는 것은 스스로에게 너무 무책임한 행동입니다.

청소년기의 연애는「성인으로 성장했을 때 좋은 배우자를 찾는 경험」이라고 생각하고 신중하게 접근하는 것이 좋습니다. 스스로 판단과 결정을 해보는 경험도 하고, 그 결과에 스스로 책임을 지는 인생 경험을 하는 것입니다. 이 경험은 여러분이 성인이 되어 진정한 인생의 동반자를 찾는 데에 적지 않은 도움을 줄 것입니다. 청소년기의 건전한 연애 경험은 인생의 좋은 나침반이 되어줍니다.

나도 모르는 무의식적인 행동의 원인 '미해결 욕구'

꼭 해야만 직성이 풀리는 일이 있습니다. 이런 일을 하지 않고 참고만 있으면 어떨까요? 가슴이 답답하고, 자꾸 하고 싶은 욕구가 점점 커지지요. 이렇게 꼭 해야만 직성이 풀리는 일이 있는데, 그것을 하지 못하는 경우 마음속에 생기는 것이 미해결 욕구 Unsolved Desires / Unsolved Needs입니다.

미해결 욕구는 사람마다 모두 다릅니다. 어린 시절 장난감을 충분히 가지고 놀지 못했거나 장난감에 결핍이 있는 사람은 성인이 되어서 유독 장난감을 사 모으는 경우가 있습니다. 이런 경

209

우 어린 시절 장난감에 대한 미해결 욕구가 있었던 것입니다. 고기반찬을 좋아하지만 넉넉하게 먹지 못했던 경험이 미해결 욕구로 발현된다면 매일같이 식사 시간에 고기를 먹으려고 합니다. 미해결 욕구는 사물일 수도 있고, 음식일 수도 있으며 상황이나 칭찬의 말이 될 수도 있습니다. 욕구의 대상은 사람에 따라서 천차만별입니다.

미해결 욕구는 스스로 욕망을 해결할 수 있는 여건이 마련되면 거침없이 분출되기도 합니다. 그래서 성인이 되거나, 취직을 하고 나서 미해결 욕구를 해결하기 위해 많은 돈과 에너지를 사용합니다. 어떤 경우에는 전 재산을 욕망 해소에 사용하는 경우도 있습니다. 그래서 어렵게 모은 돈을 일반인들은 이해하지 못하는 방법으로 사용하는 사람들의 이야기를 종종 듣게 됩니다.

꼭 돈이나 재산이 아니더라도, 자신의 시간이나 노력을 들여 욕구를 해결하는 사람도 있습니다. 어린 시절 학교를 제대로 다니지 못한 사람이 평생 모은 돈을 학교에 기부하거나, 유명한 사람이 되고 싶어서 유명인의 사인을 수집하는 경우도 있습니다. 강아지를 키워보지 못해서 유기견 봉사활동에 열정을 보이는 것

등은 미해결 욕구를 해결하기 위한 나름의 표현일 수 있습니다.

미해결 욕구는 누구나 가지고 있습니다. 어떤 사람은 이 욕구가 크고, 또 어떤 사람은 이 욕구가 작습니다. 욕구를 적극적으로 드러내는 사람도 있고, 소극적으로 드러내는 사람도 있습니다. 먹는 것이나 활동하는 것에 욕구를 드러내는 사람도 있으며, 특정한 물건이나 직업에 욕구를 표출하는 사람도 있습니다. 미해결 욕구는 취향이나 취미와도 연관이 있습니다. 그 사람이 어떤 물건을 수집하거나 유난히 좋아한다면, 그와 관련된 미해결 욕구를 가지고 있을 확률이 높습니다.

연애에 있어서 미해결 욕구를 이해하는 것은 아주 중요합니다. 상대방의 미해결 욕구를 잘 이해하고 이를 존중해준다면 연애하는 과정에서 많은 감정 소모를 줄일 수 있습니다. 반면 상대방의 미해결 욕구를 이해하지 못하고 더욱 통제하거나 제한하면 그 연애는 오래가지 못할 것입니다. 단, 상대방이 가지고 있는 미해결 욕구가 나에게 피해를 주거나 나를 괴롭게 만드는 것이라면 그 사람과의 관계를 다시 생각해 봐야 합니다. 미해결 욕구는 본성과 밀접하게 관련이 있기 때문에 쉽게 변하거나 한순간 해결

되지 않습니다.

니코틴이나 알코올에 욕구를 가지고 있거나, 도박이나 폭력에 욕구를 가지고 있을 수도 있습니다. 만약 상대방이 이런 욕구를 가지고 있다면 되도록 빨리 관계를 끊기를 권합니다. 가정폭력과 데이트폭력의 근본적인 심리는 바로 이런 미해결 욕구와 직결되기 때문입니다. 상대방의 미해결 욕구를 이해하는 것은 필요하지만, 무엇보다 중요한 섬은 그 욕구가 분출되는 상황에서 자신의 마음이 편안한지를 가늠하는 것입니다. 만약 본인 마음이 조금이라도 불편하다면 오랜 기간 동안 연애가 어렵기 때문이죠.

상대방의 욕구를 이해하는 것만큼 자신의 미해결 욕구를 슬기롭게 해결하는 것도 중요합니다. 스스로 어떤 욕구를 가지고 있는지 인지하는 것은 생각보다 어렵습니다. 자신이 좋아하는 것, 취미생활, 시간 날 때 무의식적으로 하는 행동을 천천히 생각해보면 본인의 미해결 욕구를 알 수 있습니다. 계속 이유 없이 쉬고 싶다면 휴식에 대한 욕구가 있는 것입니다. 무언가 계속 먹고 싶다면 음식에 대한 욕구가 있는 거겠죠. 이렇게 자신의 미해결 욕구를 알았다면 이 욕구가 상대방을 괴롭히는 것은 아닌지 생각해볼 필요가 있습니다.

상대방의 미해결 욕구를 존중하고, 나의 미해결 욕구를 이해하는 것이 어쩌면 좋은 사랑을 넘어 좋은 사람이 되어가는 과정인지도 모릅니다.

자꾸 집착하는 이유는
'외로움에 대한 두려움'

외로움이라는 감정은 누구나 가지고 있습니다. 심지어 애완동물도 외로움을 느끼곤 합니다. 누구나 느끼는 외로움이지만 사람에 따라서 정도의 차이는 각기 다르게 느낍니다. 각자 체감하는 외로움의 크기가 다른 것이죠. 외로움을 유독 잘 타는 사람은 외로움에 대한 두려움Fear of Loneliness이 존재한다고 볼 수 있습니다.

외로움이란 감정의 차이는 어린 시절에 부모로부터 충분한 관심과 사랑을 받았는지에 따라서 크게 좌우됩니다. 부모나 가족들로부터 충분한 사랑을 받고 자란 경우라면 「외로움을 감당하는 그릇」이 커집니다. 그런데 충분한 사랑을 받지 못하는 상황이었다면「외로움을 감당하는 그릇」이 작을 수밖에 없습니다.

이 그릇이 크면 아무리 외로운 상황이라 하더라도 충분히 버텨내고 스스로 외로움을 해소할 수 있습니다. 반면 이 그릇이 작으면 조금만 외롭더라도 금방 그릇이 넘쳐버리게 됩니다. 그러면 스스로 외로운 감정을 통제할 수 없고, 우울이나 불안감에 허우적댈 수밖에 없습니다. 특히 외로움에 대한 어린 시절의 경험은 미해결 욕구로 남아 평생 마음 한구석을 차지하고 있습니다. 그렇게 되면, 외로운 상황이 될 때 두려움마저 느끼게 됩니다. 두려움은 불안과 괴로움 또는 불안정한 마음 상태를 불러일으킵니다.

그래서 이런 사람은 외로움을 해결하기 위한 방편으로 집착적으로 행동하면서 자신의 인생에서 빈 곳을 채워 넣으려고 합니다. 친구끼리 그룹이나 패밀리를 만들거나 의형제를 쉽게 맺습니다. 그래서 가족에게서 받지 못한 관심과 사랑을 소속감으로 해결하려고 합니다. 흔한 말로 오지랖이 넓거나 친구의 일에 간섭하려는 행동도 자주 하게 됩니다. 또 끊임없이 누군가를 사귀면서 외로움을 해결하려는 모습도 자주 보입니다. 이렇게 시작하는 연애는 흔히 집착적인 연애로 변질됩니다.

또 대인관계를 혼동하여 친구들과 애인을 동일선상에 놓고 생각하려고 합니다. 그래서 연인과의 데이트에 친구들을 부른다든지, 친구들과의 모임에 꼭 연인을 불러 외로움을 달래고 친구들로부터 인정과 관심을 받으려고 합니다. 외로워서 하는 연애는 데이트 성폭력의 지름길이 된다는 것을 명심해야 합니다.

외로워서 하는 연애는 사랑이 아니라 집착에 가깝습니다. 연애는 두 사람 사이에서 일어나는 숭고하고 아름다운 감정의 교류여야 합니다. 같이 있으면 더 재미있다는 이유로, 친구에 의지해서 연애하는 게 더 편하다는 이유로, 혹은 혼자 책임지기 싫다는 이유로 친구들을 마치 자기 분신인 양 자주 만나는 모습은 더 나약해 보인다는 것을 알아야 합니다. 사랑하는 사람과 이야기하며 교감하고 라포를 쌓아야 하는 시간을 친구들로 인해서 방해받으면 안 됩니다. 단 둘이서 이야기하는 대화와 공감의 시간은 여러 사람과 만나는 것과는 전혀 다른 마음가짐이 필요하기 때문입니다.

외롭지 않은 마음 상태여야 상대방에 대한 마음을 정확히 알 수 있습니다. 또 외롭지 않은 마음 상태를 가지고 있어야 상대방이 자신을 어떻게 생각하는지 파악할 수 있습니다. 외로운 마음 상태에서는 나에게 집착하는 사람의 행동이 다음과 같다고 착각하게 됩니다.

집착하는 행동이 나를 아껴주는 것 같아 보입니다.

집착하는 말이 나에 대한 관심 같아 보입니다.

집착하는 마음이 나를 사랑하는 것 같아 보입니다.

하지만 외롭지 않은 상태에서는 진실을 깨닫게 됩니다.

그 사람의 행동은 이기적인 집착이었습니다.

그 사람의 말은 성희롱이었습니다.

그 사람의 마음에는 결국 내가 없었습니다.

연애는 외로움을 달래려고 하는 것이 아닙니다. 연애는 서로 사랑을 주고받는 것입니다.

이해심과 배려심을 키워주는 '심리 스펙트럼'

빛이 프리즘을 통과하면 스펙트럼이 생깁니다. 비 개인 뒤 하늘에 펼쳐진 무지개가 바로 스펙트럼입니다. 스펙트럼은 무지개와 같은 색의 영역을 가지고 있습니다. 가장 파장이 짧은 보랏빛부터 파장이 긴 붉은빛까지 색의 스펙트럼은 참 다양하고 아름답습니다.

사람의 심리도 스펙트럼에 대입하여 설명이 가능합니다.

좋다   싫다

「좋다―싫다」라는 감정도 더 다양한 영역으로 세분화 할 수 있습니다.

더 세밀하게 나누어 볼까요?

그렇죠. 더 세분화해서 생각해 볼 수 있겠죠? 이렇듯 「좋다―싫다」의 감정 사이에도 셀 수 없을 만큼 다양한 감정의 영역이 존재합니다. 우리는 그런 영역을 통틀어 심리 스펙트럼Psychological Spectrum이라고 부릅니다. 심리 스펙트럼은 개인의 고유한 영역이므로 누구도 정의하거나 강요할 수 없습니다. 또 심리 스펙트럼은 환경이나 조건의 영향을 받아 변화하기도 합니다.

심리 스펙트럼은 「좋다―싫다」와 같은 영역뿐만 아니라 대인관계를 이해하는 데에도 도움을 줍니다. 대인관계를 할 때 사용하는 도구를 심리 스펙트럼으로 표현하면 아래와 같다고 가정해

보겠습니다.

건전한 대화   친밀한 대화   농담   손잡기   포옹하기

A라는 사람은 대인관계에서 사용할 수 있는 스펙트럼 영역이 「건전한 대화~농담」입니다. 이러한 사람은 대인관계에서 손잡기나 포옹을 부담스럽게 생각하거나 거부감을 느끼게 됩니다.

A

건전한 대화   친밀한 대화   농담

반면 B라는 사람의 스펙트럼은 「건전한 대화~포옹하기」입니다. 대인관계에서 손잡기나 포옹을 얼마든지 사용할 수 있다는 뜻입니다. 이와 같이 심리 스펙트럼은 사람에 따라서 모두 다르다는 것을 알고 있는 것이 매우 중요합니다.

B

건전한 대화   친밀한 대화   농담   손잡기   포옹하기 이성교제에 있어서도 상대방의 심리 스펙트럼을 잘 이해해야 좋은 관계를 유지할 수 있습니다. 만약 상대방의 심리 스펙트럼을 넘어서는 행동이나 언어를 사용하게 된다면 상대방이 불쾌감을 느끼거나 불만을 표출하게 됩니다.

상대방의 심리 스펙트럼을 무시한 채, 연애를 한다는 이유로 스킨십을 강요하는 모습을 간혹 목격할 수 있습니다. 이런 행동은 모두 데이트 성폭력에 해당하므로 각별한 주의가 필요하겠죠? 자신의 심리 스펙트럼이 존중받는 만큼, 상대방의 심리 스펙트럼을 존중해주는 자세가 더욱 절실합니다.

내 의지가 나약한 게 아니었어! '심리적 관성'

뉴턴의 물리법칙 3가지, 잘 아시죠?

뉴턴의 제 1 물리법칙, 관성의 법칙.

뉴턴의 제 2 물리법칙, 가속도의 법칙.

뉴턴의 제 3 물리법칙, 작용/반작용의 법칙.

우리는 모두 이 3가지 법칙이 작용하는 물리 환경에서 살고 있습니다. 지구상 어느 곳에서도 이 3가지 법칙이 적용됩니다. 심지어 광활한 우주에서도 이 법칙들이 고스란히 적용됩니다. 아주 정확하게 말이죠.

그런데 심리에도 이 3가지 법칙이 동일하게 적용됩니다. 심리에도 관성Psychological Inertia, 가속도Psychological Acceleration, 작용/반작용Psychological Reaction이 있습니다. 이중에서 연애에 있어서 유용한 것이 심리적 관성입니다.

심리에 관성이 있다는 것을 어떻게 하면 쉽게 이해할 수 있을까요? 매년 새해 1월 1일이 되면 우리가 하는 것이 있습니다. 바로 새해 계획을 세우는 것입니다. 그런데 새해 계획을 세운 것을 과연 며칠이나 실천할 수 있을까요? 아마 대부분 3일 이내에 포기하거나 계획을 수정하게 마련입니다. 그래서 작심삼일作心三日이라고 하는지도 모릅니다.

그런데 이렇게 신년 계획을 잘 지키지 못하는 것은 여러분의 의지가 나약해서 그런 것이 아닙니다. 이건 바로 심리가 가지고 있는 관성 때문입니다. 심리적 관성이 있어서 어제 살던 대로, 작년에 살던 대로 그대로 살고 싶어 하는 것입니다. 그래서 멋진 계획을 세워도 막상 지키기 어려운 것입니다. 이렇듯 심리적 관성은 우리 생활에 많은 영향을 미칩니다.

연애에 있어서도 심리적 관성은 중요합니다. 새롭게 만나는 사이라면 심리적 관성이 어떤 영향을 주는지 세심하게 살펴야 합니다. 이전에 연애하던 방식대로 하려고 하거나, 혼자 생활하던 습관을 연애 후에도 계속 하려는 것은 자연스럽게 나타날 수 있는 현상입니다. 바로 심리적인 관성 때문입니다.

하지만 새로운 연애를 하는 데에 있어서 과거의 심리적 관성이 내 발목을 잡을 수 있습니다.

'이 사람은 아직도 전에 사귀던 사람을 잊지 못하는구나.'

'어? 나와 연애하는 게 싫은가?'

'이성교제 하는 것을 귀찮아하는구나.'

심리적 관성에 사로 잡혀서 무의식적으로 계속 과거의 습관과 행동을 유지한다면, 이렇게 상대방이 오해를 할 수도 있습니다. 그래서 심리적 관성에 각별히 신경을 써야 합니다.

물론 심리적 관성을 바꾸는 것은 정말 어려운 일입니다. 하지만 사랑을 키워가고 싶다면 어려운 일이라도 해야 하겠죠. 당연히 상대방도 스스로 관성을 바꾸려고 노력을 해야 할 것입니다. 사랑은 함께 가꾸어 나가는 것이니까요.

이별 후 바로
다른 연애를 시작한다면
'습관성 애정결핍'

사랑받는 것을 싫어하는 사람이 있을까요? 어린 시절 부모님으로부터 받는 사랑은 더욱 특별합니다. 아이에 대한 부모의 사랑에는 이루 말할 수 없는 커다란 희생과 배려 그리고 관심의 에너지가 가득합니다. 어린아이는 부모로부터 무한한 사랑을 받고 자랍니다. 그리고 가족들로부터 관심과 사랑을 받으며 성장합니다. 이렇게 어린 시절 부모님이나 가족들의 충분한 사랑을 받고 자란 아이는 올바른 가치관과 인성을 갖게 됩니다.

그런데 성장 과정에서 충분한 사랑이나 관심을 받지 못한다면 어떻게 될까요? 바로 애정결핍愛情缺乏 상태에 빠지게 됩니다. 아이가 성장하면서 받아야 하는 사랑은 마치 식물이 성장할 때 햇볕을 받는 것과 비슷합니다. 식물은 충분한 햇볕이 없으면 제대로 성장하지 못하거나 쉽게 시들어 버립니다. 사람도 그렇습니다. 햇볕과 같이 충분한 사랑을 받아야만 잘 성장할 수 있습니다. 그런데 애정결핍 상태가 되어버린다면 성격적으로 문제가 생기거나 좋은 인성이 갖추어지기 어렵습니다.

애정결핍은 단순히 성격이나 인성의 문제에 그치지 않습니다. 쉽게 화를 내거나, 잘 참지 못하는 행동이 나타나기도 합니다. 고집이 세지고 이기적인 생각을 하기도 합니다. 상대방에 대한 이해심이 없고 배려하는 것을 꺼리기도 합니다. 이런 특성은 모두 애정결핍에서 비롯됩니다.

더 큰 문제는 애정결핍을 습관적으로 느끼는 것입니다. 단순히 어린 시절의 애정결핍의 경험에서 끝나는 것이 아니라, 스스로 애정결핍의 피해자라는 것을 반복적으로 되뇌는 것입니다. 이런 습관성 애정결핍은 더 심각한 문제를 불러일으킵니다. 이기적인 성격뿐만 아니라 상대방에게 피해가 가는 것을 전혀 개의치 않

기도 합니다. 「너는 너, 나는 나」라는 생각이 강해서 공동체 생활
에 적응하기 어려울 수도 있습니다. 당연히 연애에서도 상대방
의 마음에 상처만 남기고 반성할 줄 모르는 태도를 보이기도 합
니다. 그래서 습관성 애정결핍을 가진 사람은 이별 후에도 바로
다른 사람을 만나서 연애를 하려고 합니다.

습관성 애정결핍은 개인의 성격이나 특성으로 치부할 수 없는
성격적인 장애입니다. 「저 사람은 원래 저래」라면서 이해하는 깃
은 위험한 일입니다. 적극적으로 심리적인 치료나 상담이 필요한
상태입니다. 특히, 어린 시절 성장 배경과 밀접한 관련이 있기 때
문에 가족의 분위기나 관계를 미루어 짐작해볼 수 있습니다.

만약 사귀고자 하는 상대방이 이런 습관성 애정결핍을 드러낸
다면 어떻게 해야 할까요? 흔히 '내가 마음을 잘 보듬어주면, 점
점 좋아지겠지'라고 생각합니다. 하지만 어린 시절부터 습관화
된 성격은 잘 고쳐지지 않습니다. 연인 관계가 아무리 특별하다
고 해도 고착화된 성격은 변하지 않습니다.
　'연애하면 좋아질 거야.'
　'스킨십 하면 좋아질 거야.'

'결혼하면 좋아질 거야.'

이런 기대감은 오히려 자신을 더 괴롭힐 뿐입니다. 결국 상대방의 성격은 변하지 않을 테니까요. 사람의 성격을 변화시킬 수 있을 거라는 생각은 버리는 것이 좋습니다.

어? 이것도
데이트 성폭력이었어?

　데이트 성폭력은 흔히 연애하는 사람들이 데이트하는 중에 일어나는 일이라고 생각합니다. 그런데 데이트 성폭력의 영역은 우리가 생각하는 것 이상으로 광범위합니다. 썸을 타는 단계에서부터 시작해서, 이별 후 헤어진 상태에서 발생하는 성폭력도 데이트 성폭력입니다.

　데이트 성폭력을 조금 더 이해하기 쉽게 표현하면「사랑한다는 것을 핑계로 상대방의 몸과 마음을 괴롭히는 모든 것」이라고 할 수 있겠네요. 데이트 성폭력은 집착하는 심리에 기인해서 발생합니다. 마치 연애하는 대상을 애완동물 취급하거나 하인 취급하려는 심리죠. 그래서 함부로 대하고, 강요하고, 학대하는 것입니다. 진정한 사랑이라면 절대 이렇게 행동하지 않습니다. 사랑은 이해와 배려 그리고 존중의 감정을 동반하기 때문이죠. 데이트 성폭력을 하는 것은 사랑이 아니라 집착하는 심리입니다.

데이트 성폭력은 쉽게 확인할 수 있습니다. 나를 때리거나, 하기 싫은 스킨십이나 성관계를 강요하는 것이 데이트 성폭력입니다. 어떤 장소에 감금하거나 먹기 싫은 것을 먹으라고 강요하는 것도 마찬가지입니다. 내가 싫어하는 담배연기 자욱한 곳에서 나를 기다리게 하는 것도, 나에게 욕설을 하거나, 듣기 싫은 말이나 말투를 사용하는 것도 데이트 성폭력입니다. 다른 사람들에게 나에 대한 소문을 퍼뜨리는 것도 당연히 데이트 성폭력에 해당합니다.

그런데 데이트 성폭력 중에서 가장 구별하기 힘들고, 또 피해자가 피해인지 모르고 넘어가는 것이 바로 심리적인 성폭력입니다.
전화를 받지 않으면 받을 때까지 수십 통의 부재중 전화를 남기는 것,

메신저나 문자메시지를 받으면 바로 확인하고 바로 답장하라고 강요하는 것.

내 허락 없이 같이 찍은 사진을 자신의 SNS에 업로드 하는 것.

내가 싫다고 하는데도 담배를 피우거나 침을 뱉고 욕을 하는 행동을 하는 것.

하기 싫은 스킨십을 강제로 요구하는 것 등.

심리적인 성폭력은 굉장히 다양한 형태로 나타납니다. 그런데 대부분 피해자는 이런 행동을 성폭력이라고 생각하지 않고, 사랑이나 관심의 표현일 것이라고 착각합니다.

사랑해서 욕을 한다고요?

사랑해서 때린다고요?

사랑해서 협박한다고요?

사랑해서 강요한다고요?

이건 사랑이 아닙니다. 이건 집착입니다. 가짜 사랑에 속지 마세요. 자신의 마음이 조금이라도 불편하고 괴롭다면, 그 관계는 진정한 사랑이 아닐지도 모릅니다. 스스로 데이트 성폭력의 피해를 당하고 있지는 않는지 잘 생각해 봐야 합니다.

데이트 성폭력 피해자는 이렇게 생각하기도 합니다.

'내일이면 괜찮아질 거야.'

'조금만 더 기회를 줘보자.'

'내 기대가 너무 컸었나?'

'나도 잘못이 있으니까 그랬겠지.'

'사랑하는 사람이 원하면 스킨십을 해야 하는 거구나.'

이런 생각은 모두 잘못된 것입니다.

'내가 또 잘못했구나.'

'나 때문에 걱정돼서 그렇게 행동했구나.'

'나 때문에 그 사람이 화를 내는 거구나.'

문제의 원인을 상대방으로 돌려서 일방적으로 죄책감을 갖게 하는 것도 심리적인 데이트 성폭력 가해자들의 흔한 수법입니다.

혹시 지금 사귀려는 사람이 이와 같지 않나요? 만약 가짜 사랑이라는 생각이 든다면 지금 바로 관계를 끝내야 합니다. 그래야 여러분의 소중한 몸과 마음을 지킬 수 있습니다. 데이트 성폭력은 나뿐만 아니라 내 가족까지 위험하게 만들 수 있는 아주 위험한 범죄입니다. 여러분을 데이트 성폭력으로부터 지켜줄 수 있는 사람은 여러분 자신밖에 없습니다.

꼭 명심하세요! 자신을 스스로 보살피고 지켜야 합니다.

● 데이트 성폭력 예방법 ●

데이트 성폭력은 사랑과 집착을 혼동해서 발생합니다. 특히 데이트 성폭력 가해자가 흔히 하는 말이 있습니다. '사랑해서 그랬어'라는 말입니다. 바꾸어 말하면 사랑에 대한 감정을 오해하면 누구나 가해자가 될 수도 있다는 말입니다. 결핍이나 외로움 등을 자주 느끼는 사람이라면 사랑과 집착을 명확하게 구분하기 힘들 수 있습니다. 그렇기 때문에 데이트 성폭력을 예방하는 방법 중 선행되어야 하는 것은 심리적으로 안정된 좋은 사람을 만나는 것입니다.

좋은 사람을 만나기 위해서는 좋은 사람을 알아보는 안목이 필요합니다. 이런 안목을 키우는 것은 로맨스 드라마나 연애소설이 아니라, 내 스스로를 아끼고 사랑하는 마음입니다. 그리고 내 이상형을 찾아 연애하려는 생각보다, 자신을 아껴주고 보살펴줄 수 있는 사람을 찾는 것이 더 중요합니다.

데이트 성폭력은 어느 날 갑자기 발생하는 것이 아닙니다. 그루밍grooming과 같이 조금씩 단계를 밟아가며 진행되는 특징을 가지고 있습니다. 그렇기 때문에 이성교제를 할 때는 항상 상대방의 언행을 주의 깊게 살펴보고 작은 변화를 잘 감지해야 합니다.

그리고 사람의 성격과 인격은 쉽게 변하는 것이 아니라는 점을 명심하고, 상대방이 조금이라도 이상한 행동이나 불쾌한 요구를 한다면 바로 정리하는 마음가짐이 필요합니다. 그리고 보호자 혹은 선생님에게 도움을 요청해야 합니다.

누구보다 여러분을 진심으로 아끼고 사랑하는 사람은 부모님입니다. 여러분에게 뜻하지 않은 성폭력이 발생한다면 바로 부모님에게 알리고 함께 해결책을 모색해야 합니다. 부모님에게 이야기하면 당장은 꾸중을 듣거나 서운하게 생각하실 수도 있지만, 결국 이 세상에서 나를 가장 사랑해주고 지켜줄 수 있는 사람은 부모님이란 사실엔 변함이 없습니다.

✕ ✕

그루밍 [grooming] : 손질하기, 다듬기, 차림새 정도의 의미를 가진 영어 단어입니다. 어원은 마부(groom)에서 유래했습니다. 마부들이 말을 씻고 보살펴주어서 그루밍(grooming)이라는 단어가 지금과 같은 뜻을 가지게 되었다고 합니다. 성범죄의 영역에서는 성을 착취하거나 유린하기 위해서 친밀, 신뢰, 지배 관계를 설정하거나 길들이는 것을 뜻합니다.

✕ ✕

• 데이트 성폭력 신고 방법 •

연인에게 데이트 성폭력이나 폭력, 욕설, 일방적인 스킨십 등 불쾌한 일을 당했다면 신고를 해서 법적인 보호를 받는 것이 중요합니다.

신고를 하는 이유는 가해자를 처벌하려는 목적도 있지만, 더 중요한 목적은 나와 내 가족의 안전을 위해서입니다. 만약 신고하지 않고 그냥 참거나, 앞으로 좋아질 것이라고 막연하게 생각하는 것은 더 큰 위험이 될 수 있기 때문입니다.

데이트 성폭력이나 학대, 폭행을 당했다면 가장 먼저 증거 확보가 중요합니다. 아무래도 사법기관을 통해서 법적인 보호를 받기 위해서는 증거가 중요합니다. 이는 사회 제도적으로 증거주의, 결과주의에 기반을 두고 법이 만들어졌기 때문입니다.

증거를 확보하는 방법은 여러분이 항상 휴대하는 스마트폰을 이용하면 됩니다. 녹음을 하거나 동영상을 촬영하여 피해 상황을 기록으로 남기면 됩니다. 그렇다고 무턱대고 가해자 앞에서 스마트폰을 들이대면서 촬영한다고 하면 더 큰 화를 당할 수 있으니 현명한 아이디어가 필요합니다.

증거가 확보되었으면 자신을 도와줄 사람을 찾아야 합니다. 바로 경찰이나 검찰에 신고하는 것은 생각보다 어렵습니다. 부모님, 선생님과 같은 성인 보호자의 도움이 필요합니다. 사건이 중대한 범죄일 경우 변호사의 도움을 받아야 할 경우도 있습니다. 그리고 보호자 혹은 변호사와 함께 사법기관에 신고를 하는 깃을 권장합니다.

만약 여러분 혼자 신고를 했다면 이런 질문을 받을 것입니다.

증거는 있는지?

보호자는 누구인지?

사건 상황은 어떻게 되는지?

여러 번에 걸쳐 진술하거나 이야기해야 합니다. 번거롭기도 하고, 신고하는 과정에서 지쳐 신고를 포기하는 경우가 많습니다. 그래서 사전에 준비를 철저히 하고 신고하는 것을 권장하는 것입니다.

신고 이후, 가해자가 오히려 협박할 수도 있습니다. 집으로 찾아와서 괴롭히는 등 잘못을 뉘우치지 않고 더 가해하는 경우도 있습니다. 그렇다면 사법기관의 도움을 받거나, 잠시 피할 수 있는 곳에서 시간을 보내는 것도 좋습니다. 나를 보호해 줄 수 있는 사람이 상주하거나, 가해자와 멀리 떨어져 있는 곳이 좋습니다. 이와 같은 조치는 무서워서 도망가거나 자존심 상하는 일이 아닙니다. 우선 위협으로부터 나의 안전을 보장받고 차후에 가해자를 더 강력하게 처벌하기 위한 전략입니다.

신고를 할 때는 법률 전문가나 수시기관 또는 현명한 어른의 도움이 필요합니다. 어렵게 신고했는데 사건이 처리가 안 되거나 흐지부지되는 경우도 있으며, 오히려 피해자가 가해자가 되어 버리는 어처구니없는 일도 가끔 발생하니까요.

무엇보다 가장 중요한 것은, 가능하면 항상 좋은 사람만 만나는 것입니다. 호기심에 혹은 외로움이 싫어서 아무나 만나는 것은 심각한 위험을 자초하는 행동입니다.
'그냥 일단 한 번만 만나보고 결정하자.'
어쩌면 스스로 성폭력 피해자가 되는 위험한 생각인지도 무릅니다.

 만나보고 결정한다는 생각으로 만나서 '상대방이 안 좋은 사람
이면 바로 정리하면 되지'라고 생각하지만, 한 번 만남으로 시작
되는 사람과의 관계는 정리하는 것이 생각만큼 쉽지 않습니다.

마치는 글
행복한 삶을 위한 인생 연습

「사랑이 무엇이냐?」라는 질문에 사람들은 각각 다른 답을 내놓습니다. 어떤 사람은 사랑이 달콤하다고 하고, 어떤 사람은 쓰고 아프다고 합니다. 또 사랑해서 행복하다는 사람도 있고, 두 번 다시 사랑 안 한다는 사람도 있습니다. 사랑에 대해서 이렇게 사람마다 생각이 다른 건 그만큼 '사랑이 뭐다'라고 딱 잘라 말하기가 어렵다는 거겠죠?

사랑에 대해서 여러 가지 의견이 나뉘지만 또 공통점도 있습니다. 사랑에는 상대방을 위한 희생과 배려가 꼭 필요하다는 것입니다. 나를 위해서 누군가를 만나고 연애를 하는 것은 사랑이 아닙니다. 나만을 위한 만남은 외로움을 달래기 위한 수단이거나 때로는 집착이 되기도 합니다. 이런 집착은 이별이나 데이트 성폭력과 같이 비극적인 결말로 마무리되곤 합니다. 반면 상대방을 위한 배려와 너그러운 이해에 바탕을 둔 연애는 더 깊고 아름다운 사랑으로 이어집니다. 결국 상대방을 위한 마음이 모여서 진정한 사랑이 된다고 할 수 있습니다.

그런데 우리는 왜 진정한 사랑을 하는 게 힘들까요? 때로는 나만 사랑을 잘못하는 것 같기도 합니다. 다른 사람들은 모두 잘하고 있는데 말이죠. 사실 모든 사람이 거의 비슷한 생각을 가지고 있습니다.

'사랑이 너무 어렵다.'

'이게 사랑이 맞나?'

'사랑이 도대체 뭐지?'

이와 같은 생각을 끊임없이 하면서 생활하고 연애하고 또 이별하며 살아갑니다. 어른이 되어서도, 나이가 들어서도 이런 고민은 계속하게 마련입니다. 단, 잊어버리거나 타협하면서 위안을 삼을 뿐입니다. 사랑이란 절대 혼자서 할 수 없습니다. 늘 상대가 있기 마련입니다. 자신과 상대가 함께 만들어가는 감정이 사랑입니다. 그리고 둘만 느낄 수 있는 감정이기도 합니다. 그래서 마음이 맞지 않는다면 사랑을 할 수도, 느낄 수도 없는 것입니다.

나와 함께 이렇게 행복한 감정을 느낄 수 있는 사람이 옆에 있나요?

아니면 그런 사람을 찾고 있나요?

이 책을 읽은 여러분은 분명 아름답고 행복한 사랑을 할 준비가 된 사람이 되었을 것입니다.

청소년을 위한

연애 심리학

초판 1쇄 2020년 3월 2일
2쇄 2023년 4월 25일

지은이 이창욱, 조은지
펴낸이 설응도   **편집주간** 안은주
영업책임 민경업   **디자인책임** 조은교

펴낸곳 라의눈

출판등록 2014 년 1 월 13일(제 2019-000228 호)
주소 서울시 강남구 테헤란로 78 길 14-12 (대치동) 동영빌딩 4층
전화 02-466-1283   **팩스** 02-466-1301

문의 (e-mail)
편집 editor@eyeofra.co.kr
마케팅 marketing@eyeofra.co.kr
경영지원 management@eyeofra.co.kr

ISBN : 979-11-88726-47-9 43370